판을 바꾸는 기도 특강

판을 바꾸는 기도 특강

지은이 | 박찬선
초판 발행 | 2026. 3. 25
등록번호 | 제1988-000080호
등록된 곳 | 서울특별시 용산구 서빙고로65길 38 두란노빌딩
발행처 | 사단법인 두란노서원
영업부 | 02)2078-3333   FAX | 080-749-3705
출판부 | 02)2078-3331

책값은 뒤표지에 있습니다.
ISBN 978-89-531-5282-3   03230

독자의 의견을 기다립니다.
tpress@duranno.com   www.duranno.com

두란노서원은 바울 사도가 3차 전도여행 때 에베소에서 성령 받은 제자들을 따로 세워 하나님의 말씀으로 양육하던 장소입니다. 사도행전 19장 8-20절의 정신에 따라 첫째 목회자를 돕는 사역과 평신도를 훈련시키는 사역, 둘째 세계선교(TIM)와 문서선교(단행본·잡지) 사역, 셋째 예수문화 및 경배와 찬양 사역, 그리고 가정·상담 사역 등을 감당하고 있습니다. 1980년 12월 22일에 창립된 두란노서원은 주님 오실 때까지 이 사역들을 계속할 것입니다.

판을 바꾸는
기도 특강

박찬선

두란노

간절함이 기도의 언어로 피어나면
하나님은 응답하십니다

기도는 영혼의 숨결입니다. 세상은 끊임없이 우리를 흔들고 마음은 쉽게 지치지만, 기도의 자리에서 우리는 하나님을 만납니다. 시련의 밤이 깊을수록 하나님은 우리를 더 깊은 기도의 자리로 이끄십니다. 눈물로 드리는 기도 속에 하늘의 위로와 능력이 스며 있습니다.

기도는 형식이 아니라 관계이고, 습관이 아니라 생명입니다. 하나님을 향한 우리의 간절함이 기도의 언어로 피어나면 그분은 반드시 응답하시며 우리를 새롭게 변화시키십니다.

기도에는 여러 모습이 있습니다. 때로는 축복기도로 자신과 이웃을 향한 하나님의 선하심을 선포합니다. 때로는 선포기도로 믿음의 말씀을 붙들고 절망의 현실 위에 소망을 명령합니다. 또한 합심기도로 한마음 되어 간구할 때, 주님은 공동체

가운데 놀라운 은혜를 부어 주십니다. 때로는 부르짖는 기도로 영혼의 가장 깊은 곳에서 하나님을 찾습니다. 그 울음과 같은 기도는 하늘 문을 여는 열쇠가 됩니다. 금식기도는 몸을 낮추어 마음을 깨끗하게 하며 하나님만을 의지하겠다는 헌신의 고백입니다. 그리고 방언기도는 우리의 한계를 넘어 성령께서 친히 우리를 대신하여 간구하시는 신비한 기도입니다.

모든 기도는 결국 하나의 방향으로 향합니다. 그것은 하나님의 뜻이 이루어지는 삶 그리고 그분의 임재가 머무는 자리입니다. 기도는 우리가 무엇을 얻기 위한 수단이 아니라 하나님과 함께 걷는 길입니다. 기도할 때 우리는 세상이 주지 못하는 평안을 경험하고 하나님이 주시는 하늘의 시선을 배우게 됩니다.

기도는 마음먹는다고 해서 쉽게 할 수 있는 것이 아닙니다. 기도는 배우고 훈련해야 합니다. 기도를 배우기 위해서 반드시 알아야 할 두 가지가 있습니다. 첫째, 기도는 기도를 통해서 배워야 합니다. 입을 열어 하나님께 말하기 시작해야 합니다. 정성을 담아 예수님의 이름을 부르면 하나님은 외면하지 않으십니다. 둘째, 기도의 거장들을 통해 배워야 합니다. 성경에는 많은 영적 거장들의 기도가 기록되어 있습니다. 그 기도를 묵상하고 따를 때 우리 역시 위대한 기도자로 설 수 있습니다.

30년 전, 시련의 밤이 찾아왔을 때 아내와 손잡고 함께 기도하기로 결심했습니다. 그날 이후 우리는 매일 세 시간씩 시간을 정하여 기도했습니다. 때로는 금식하며, 때로는 산에 올라가 철야하며 기도했습니다. 기도를 시작한 지 2년쯤 지나면서 영적 전쟁의 차원으로 들어갔고 매일 치열하게 전투적으로 기도했습니다. 신기하게도 그렇게 척박하고 힘들었던 환경이 차츰 열리기 시작했습니다. 교회를 개척할 수 있는 길이 열렸고, 안산시 선부동에 있는 작은 상가에서 순복음안디옥교회를 시작하게 되었습니다. 그러나 금세 부흥할 것이라는 기대는 10년이 지나도 이루어지지 않았고, 미자립교회 신세를 면하지 못했습니다. 15년쯤 지나자 몸도 마음도 탈진했습니다. 매일 성실하게 말씀을 준비하고 전도하며 부르짖어 기도했는데 아무 일도 일어나지 않았습니다. 앞으로 더 나아갈 자신이 없었습니다. 점심을 먹고 산책하는 길에 사모에게 말했습니다.

"진 사모, 다 타 버린 재가 된 것 같아."

사모가 굉장히 충격을 받았습니다. 나중에 말하기를 자신도 똑같은 마음이었다고 했습니다. 깊은 침묵 속에 10분을 더 걸었을 때 사모가 입을 열었습니다.

"목사님, 이제 연료를 바꾸어야 할 때가 온 것 같아요. 비행기는 자동차 연료로 날 수 없어요."

사모의 입에서 나온 이 말 한마디가 큰 울림으로 다가왔습니다. 그날 이후 하나님께 연료를 바꾸어 달라고 기도했습니다. 그러자 말씀이 깊이 있게 깨달아지기 시작했습니다. 기도는 다시 불붙었고 하나님이 새 힘을 공급해 주셨습니다. 아침에 성경을 펼쳤는데 창세기 1장 28절 말씀이 마음에 쑥 들어왔습니다.

> 창 1:28 　하나님이 그들에게 복을 주시며 하나님이 그들에게 이르시되 생육하고 번성하여 땅에 충만하라, 땅을 정복하라, 바다의 물고기와 하늘의 새와 땅에 움직이는 모든 생물을 다스리라 하시니라

하나님이 사람을 만들고 제일 먼저 하신 일이 '복을 주시는 일'이었다는 것을 깨달았습니다. 아담이 아직 죄가 들어오지 않은 에덴동산에서 살아가고 있는데도 하나님께 복을 받아야 살 수 있는 존재였다는 사실에 큰 감동이 밀려왔습니다.

창세기 9장을 읽는데 홍수 심판이 끝나고 하나님이 노아와 그의 가족을 찾아와 복을 주셨다는 말씀이 또 마음에 들어왔습니다.

> 창 9:1 　하나님이 노아와 그 아들들에게 복을 주시며 그들에게 이르시되 생육하고 번성하여 땅에 충만하라

홍수 심판으로 모든 것이 황폐되고 척박해진 땅에서 노아와 그의 가족이 살아남기 위해서는 하나님이 주시는 복을 받아야 했다는 사실을 깨달은 것입니다.

창세기 12장에서 하나님이 구속의 역사를 시작하면서 아브

라함을 선택하셨습니다. 그리고 그에게 복을 주셨습니다. 하나님이 주신 복을 받아야 구속 사역을 감당할 수 있기 때문입니다. 하나님이 주시는 복을 받아야 맡기신 사명도 감당할 수 있고, 형통한 삶을 살 수 있음을 깨달았습니다.

"하나님께 복을 받아야 목회도 되고 형통한 삶을 살 수 있구나!"

창세기 32장을 읽는데 야곱이 얍복강에서 여호와의 사자와 씨름하면서 했던 한마디가 마음 깊이 들어왔습니다.

> 창 32:26 그가 이르되 날이 새려 하니 나로 가게 하라 야곱이 이르되 당신이 내게 축복하지 아니하면 가게 하지 아니하겠나이다

야곱은 다급한 상황에서 하나님의 사자에게 자신을 축복해 달라고 요청했습니다. 야곱은 축복의 능력을 알았던 사람이었습니다. 저도 하나님께 야곱처럼 기도하기 시작했습니다.

"하나님, 저에게 복을 주십시오. 하나님이 복을 주셔야 교회가 바로 서고 성도들이 하나님의 사람으로 세워질 수 있겠습니다. 순복음안디옥교회에도 복을 내려 주십시오."

하나님이 나와 함께하심이 믿어졌고 확신이 생겼습니다. 이전엔 멀리 계신 것 같았던 하나님이 가까이에서 내 기도를 들으신다는 확신이 생겼습니다. 그래서 기도 시간이 즐겁고 행복했습니다. 그 후 코로나 시대를 거치며 교회는 부흥하기 시

작했고, 함께 기도하는 성도가 많아졌습니다. 교회가 든든히 세워져 가고 있으며, 하나님이 맡겨 주신 선교의 사명도 감당하고 있습니다.

기도의 여정을 함께 걸으려는 마음으로 이 책을 썼습니다. 이 책이 당신의 기도 여정에 작은 등불이 되기를 소망합니다. 당신의 영혼이 다시 숨쉬기 시작하고, 그 숨결이 하늘의 호흡과 하나 되어 흐르기를 기도합니다.

"주님, 오늘도 제 영혼이 당신을 찾습니다. 바쁜 하루의 소음 속에서 제 마음 깊은 곳에는 오직 하나님만이 들으실 수 있는 작은 기도가 숨 쉬고 있습니다. 제가 지치고 흔들릴 때마다 당신의 손으로 제 마음을 붙잡아 주소서. 시련 속에서도 낙심하지 않게 하시고, 기도로 다시 일어서게 하소서. 저의 말보다 심령의 깊은 곳에서 성령께서 친히 기도하시길 원합니다. 저의 눈물이 헛되지 않게 하시고, 그 눈물 속에서 당신의 사랑을 배우게 하소서. 오늘도 제 삶의 모든 순간이 기도가 되게 하소서. 숨 쉬는 호흡마다 당신의 임재가 함께하시기를 소망합니다. 예수님의 이름으로 기도합니다. 아멘."

2026년 3월
박찬선 목사

기도란 무엇인가?

기도는 예수님 안에 거하기 위한 필수 조건

기도를 시작한 지 10년쯤 지난 어느 새벽이었습니다. 아직 어둠이 채 걷히지 않은 시간, 새벽기도를 위해 교회를 향해 걷고 있었습니다. 도시의 불빛은 희미했고, 세상은 깊이 잠들어 있었습니다. 그때 문득 이런 질문이 떠올랐습니다.

"나는 왜 기도하는가?"

목회자로 설교를 준비하며 수없이 기도를 말해 왔지만, 정작 내 마음 깊은 곳에서 이 질문을 던진 것은 오랜만이었습니다. 기도는 사역의 도구일까, 응답을 받기 위한 통로일까, 아니면 위로를 얻기 위한 심리적 안전장치일까?

한참을 걸으며 하나님께 질문했을 때 이 말씀이 떠올랐습니다.

요 15:7-8　7 너희가 내 안에 거하고 내 말이 너희 안에 거하면 무엇이든

지 원하는 대로 구하라 그리하면 이루리라 8 너희가 열매를 많이 맺으

면 내 아버지께서 영광을 받으실 것이요 너희는 내 제자가 되리라

이 말씀을 생각할 때 깨달음이 왔습니다. 기도는 우리가 예수님 안에 거하기 위한 필수 요건이라는 것입니다. 하나님의 사람들은 예수님 안에 거해야 하고, 예수님 안에 거할 수 있는 비밀이 기도 속에 있습니다.

기도는 사랑의 표현이다

우리가 기도를 통해 예수님의 사랑 안에 거하면 예수님 안에 있는 신령한 기쁨을 주신다고 했습니다(요 15:9-11). 기도는 하나님의 사랑입니다. 기도를 만드신 분은 하나님입니다. 하나님은 우리가 기도를 통해 하나님의 사랑을 경험하고 하늘의 신령한 기쁨을 누리기 원하십니다. 기도는 사랑을 표현하는 통로이기에 하나님을 사랑하는 사람들은 기도합니다.

기도는 하나님과 친밀해지는 문이다

처음 기도를 배울 때 우리는 말을 많이 합니다. 몸부림치며 간구하기도 하고, 통곡하며 부르짖기도 합니다. 때로는 하나님께 설명하고 설득하려고도 합니다. 마치 어린아이가 엄마에게 말을 쏟아내듯 조잘거리기도 합니다. 그러나 시간이 흐르

면 기도는 말이 줄어듭니다. 침묵이 길어집니다. 눈물이 많아집니다. 어느 순간, 말이 없어도 하나님과 통하게 됩니다. 하나님 앞에 앉아 있는 그 자체가 기도가 됩니다. 친밀함은 많은 대화가 아니라 깊은 동행에서 오기 때문입니다.

오래 함께 걷다 보면 굳이 말하지 않아도 서로의 마음을 알게 되는 때가 있습니다. 기도가 바로 그렇습니다. 매일 하나님과 동행하다 보면 하나님의 마음을 알게 됩니다. 하나님과 동행하는 시간이 길어질수록 하나님 안에 머무는 법을 배우게 됩니다. 기도가 깊어질수록 하나님은 멀리 계신 분이 아니라 내 곁에 함께 계심을 느끼게 됩니다.

성도들의 기도는 무엇이 다른가

세상 사람들도 기도합니다. 시험을 앞두고, 병원 복도에서, 사업 계약을 앞두고 간절히 손을 모읍니다. 그러나 중심이 다릅니다. 세상 기도는 대개 결과를 향해 있습니다. 그러나 성도의 기도는 관계를 향해 있습니다. 세상 기도가 '이루어지게 해 달라'가 중심이라면, 성도의 기도는 '당신 뜻 안에 머물게 해 달라'가 중심입니다.

예수님은 십자가를 앞두고 "나의 원대로 마시옵고 아버지의 원대로 하옵소서"(마 26:39)라고 기도하셨습니다. 성숙한 기도는 내가 원하는 것을 많이 얻는 게 아니라, 원함 자체가 정결해지는 것입니다. 처음에는 복을 구하다가, 나중에는 하나님의 마음을 구하게 됩니다. 형통을 위해 기도하다 나중에는 거룩함을 구하게 됩니다. 이런 변화가 기도의 열매입니다.

하나님의 음성을 어떻게 분별할 수 있을까

기도의 자리에서 우리는 여러 가지 음성을 듣습니다. 하나님의 음성처럼 들리는 내 생각, 내 욕망으로 포장된 소리, 두려움과 정죄로 몰아가는 마귀의 속삭임이 그것입니다.

우리는 어떻게 하나님의 음성을 구별할 수 있을까요? 하나님의 음성은 내게 조용하지만 깊습니다. 마음을 평강으로 이끕니다. 사랑과 거룩함으로 초대합니다. 그런데 내 음성은 계산이 빠릅니다. 유익을 따집니다. 상황에 따라 쉽게 흔들립니다. 또한 마귀의 음성은 조급합니다. 항상 우리를 정죄합니다. "너는 안 된다"고 말합니다. 하나님으로부터 멀어지게 합니다.

결국 분별의 기준은 그 음성이 나를 하나님께 더 가까이 가게 하는가, 아니면 하나님을 의심하게 만드는가에 있습니다.

기도는 음성을 듣는 기술이 아니라, 관계를 깊게 하는 과정입니다. 관계가 깊어질수록 음성은 자연스럽게 구별됩니다. 어머니의 음성을 아이가 알아듣듯이, 기도하는 영혼은 하나님의 마음과 숨결을 알아차리게 됩니다. 우리는 책을 통해 하나님에 대한 지식을 배울 수 있습니다. 그러나 기도하면 하나님을 만납니다. 기도를 통해 우리 영혼이 하나님의 마음에 접촉하게 됩니다. 그래서 기도를 시작하면 하나님의 마음을 알게 됩니다. 하나님은 내가 생각했던 것보다 나를 더 사랑하시고 더 인내하시며, 오래 기다리시는 분이라는 것을 깨닫게 됩니다. 기도는 하나님을 바꾸는 시간이 아니라, 나를 하나님의 사람으로 변화시키는 시간입니다. 때로 응답이 늦어질 수 있지만, 변화는 이미 시작되었습니다. 기도는 의무가 아니라 특권입니다. 기도는 종교적 행위가 아니라 사랑으로의 초대입니다.

기도 응답이 거절되었다면?

하나님이 우리 기도에 바로 응답해 주시는 경우도 있지만 아무리 오래 기도해도 응답하시지 않을 때도 있습니다. 나에게도 그런 시간이 있었습니다.

교회 이전을 고민할 때 감리교단의 한 교회가 사용하고 있는 5층 상가, 연건평 500평 규모의 건물이 매물로 나왔습니다. 건물 규모도 괜찮았고, 위치도 나쁘지 않았습니다. 다만 매매 금액은 상당히 큰 부담이었습니다. 그래도 마음 한편에서는 '혹시 하나님이 우리 교회를 위해 준비해 두신 곳이 아닐까?'

생각했습니다. 우리가 사용하던 교회 건물이 매매되면 그후에 계약서를 작성하기로 그 교회 목사님과 약속했습니다.

그때부터 나는 본격적으로 기도했습니다. 여리고성을 도는 마음으로 비가 오는 날이나 몸이 피곤한 날에도 매일 가서 그 땅을 밟으며 기도했습니다.

"하나님, 이 건물을 우리 교회에 주십시오."

얼마 지나지 않아 사용하던 교회 건물을 매매했습니다.

'하나님께서 드디어 길을 여시는구나' 생각하고 약속했던 대로 그 교회의 목사님께 전화를 드렸습니다.

"이제 계약서를 작성합시다."

그런데 예상하지 못한 일이 일어났습니다. 목사님이 계약을 자꾸 미루었습니다.

처음에는 믿고 기다렸지만 시간이 지나도 상황은 달라지지 않았습니다. 다급해서 찾아갔더니 그 목사님이 계약을 하지 않겠다고 하는 것입니다. 순간 멍해졌습니다. 사용하던 교회 건물은 매매 계약이 되어 비워야 했습니다. 갈 곳이 없었습니다. 모든 것이 한순간에 무너진 것 같았습니다. 결국 우리는 계약금의 두 배를 돌려주며 계약 취소를 해야 했습니다. 재정적으로 어려운 시절이었기에 너무 힘들었습니다.

상황을 정리하고 하나님께 조용히 질문했습니다.

"하나님, 왜 이렇게 되었을까요?"

하루도 빠짐없이 건물을 돌며 기도했지만 하나님은 그 기도를 들어주지 않으셨습니다. 시간이 지나면서 한 가지 사실이 마음에 떠올랐습니다. 사실 그 건물은 우리 교회가 감당하기에는 버거웠습니다. 만약 계약했더라면 교회는 큰 재정적 부담을 지게 되었을 것입니다. 어쩌면 사역이 훨씬 더 어려워졌을지도 모릅니다.

그때 마음속에 조용한 깨달음이 찾아왔습니다.

"주시지 않는 것도 은혜구나."

우리는 기도가 이루어지면 응답받았다고 말합니다. 하지만 하나님은 때로 막으심으로 응답하십니다. 부모가 어린아이에게 위험한 것을 주지 않는 것처럼 하나님도 우리에게 맞지 않는 것을 막아 주십니다. 하나님은 우리의 기도를 거절하신 것이 아니라 보호하신 것이었습니다.

그 기도는 헛되지 않았습니다. 그 시간을 통해 하나님을 더 깊이 알아가게 되었습니다. 하나님은 내가 원하는 것이 아니라 내게 필요한 것을 주시는 분임을 깨닫게 되었습니다.

왜 기도 방법이 달라야 하는가

하나님은 전지(全知)하신 분입니다. 내가 말하기도 전에 모든 것을 다 아십니다. 그렇다면 이런 질문이 생깁니다.

"하나님은 다 아시는데, 왜 우리의 기도법은 달라야 합니까?"

이 질문은 기도의 본질을 묻는 것입니다. 기도는 정보를 전달하는 행위가 아니라 영혼을 다루시는 하나님의 방식입니다. 기도 방법이 다양한 이유는 하나님의 필요 때문이 아니라 기도자의 상태와 상황이 각기 다르기 때문입니다. 어느 때는 부서져야 하고, 어느 때는 결단해야 하며, 어느 때는 싸워야 하고, 어느 때는 축복해야 합니다. 마치 의사가 환자의 상태에 맞는 치료법을 쓰듯이 영혼의 상태에 따라 기도의 표현이 달라집니다. 그래서 기도 방법을 다양하게 만드신 것입니다.

기도는 호흡입니다. 호흡은 의식하지 않아도 계속됩니다. 하지만 숨이 막히면 그제야 우리는 호흡의 소중함을 압니다. 기도가 그렇습니다. 잘될 때는 잊고 지내지만, 막다른 골목에 서면 우리는 다시 기도의 자리로 돌아옵니다. 마치 물 밖으로 나온 물고기가 본능적으로 물을 찾듯이 우리의 영혼은 하나님을 찾습니다.

오늘도 기도의 자리에 앉습니다. 완벽해서가 아니라, 부족하기 때문입니다. 강해서가 아니라 연약하기 때문입니다. 우리는 기도의 자리에서 다시 배웁니다. 하나님 없이 살 수 없는 연약한 존재라는 것을.

Part

I

답답한
현실을
돌파하는
기도

제1강

부르짖는
기도

: 답답한 현실을
뛰어넘게 한다

부르짖는 기도는 절박함이 묻어 있는 기도다.
"살려 주세요!" 하고 부르짖는 이 기도는
하나님의 마음을 흔든다.

어느 순간 우리는 더 이상 나아갈 수 없다고 느낍니다. 몸이 아니라 마음이 먼저 멈추는 순간이 찾아온 것입니다. 할 수 있는 말은 다 했고, 생각할 수 있는 경우의 수도 다 계산해 보았지만, 기도조차 막혀 정말 막막할 때가 있습니다. 이런 막힘을 만났을 때 부르짖는 기도는 답답한 현실을 뛰어넘게 하는 능력입니다. 기도가 아무리 축복의 통로라고 하더라도 머리로만 알고 있으면 아무 일도 일어나지 않습니다. 기도는 결단입니다. 기도는 지금 결단하고 시간과 장소를 정해 시작하는 것입니다. 기도하면 한계를 뛰어넘습니다. 기도하면 역사가 일어나고, 기회의 문이 열립니다.

삶의 문제가 너무 커 부르짖지 않을 수 없었다

탄자니아의 세렝게티 국립공원에 가면 톰슨가젤이라고 하는 사슴과 동물이 있습니다. 톰슨가젤은 한 번 뛰면 2미터 높이까지 뛸 수 있습니다. 그리고 6미터 거리를 한걸음에 뛸 수 있습니다. 이렇게 대단한 톰슨가젤에게도 한계가 있습니다. 90센티미터 높이 울타리를 만나면 뛰어넘지 못하고 사자에게 잡아먹히고 맙니다. 톰슨가젤은 뛸 때 착지 지점이 보이지 않으면 뛰지 못한다고 합니다.

우리 역시 한계를 만나면 더 이상 앞으로 나가지 못하고 주

23

저앉아 버릴 때가 많습니다. 우리는 한계를 돌파하고 날아올라야 합니다. 그러기 위해서는 엄청난 힘이 필요합니다. 한계를 돌파하는 힘은 하나님으로부터 옵니다. 한계를 돌파하고 더 수준 높은 삶을 원한다면 하나님 앞에 나아가 부르짖어 기도해야 합니다.

예레미야서 33장은 예레미야가 어떻게 한계를 돌파하고 열방의 선지자가 되었는지 말해 줍니다. 1장에서만 해도 예레미야는 자신을 어린아이처럼 생각했습니다(렘 1:6). 연약하고 미숙하고 말할 줄 모른다는 것입니다. 이것이 자신의 한계라고 말합니다. 하나님은 그런 예레미야에게 이렇게 말씀하십니다.

렘 1:9-10 9 여호와께서 그의 손을 내밀어 내 입에 대시며 여호와께서 내게 이르시되 보라 내가 내 말을 네 입에 두었노라 10 보라 내가 오늘 너를 여러 나라와 여러 왕국 위에 세워 네가 그것들을 뽑고 파괴하며 파멸하고 넘어뜨리며 건설하고 심게 하였느니라 하시니라

하나님이 예레미야의 입에 하나님의 말씀을 주셨다고 하십니다. '너는 아이라 말하지 말라'고 하십니다. 하나님이 예레미야를 여러 나라와 여러 왕국 위에 세워 그것들을 파괴하고 무너뜨리며 새롭게 건설하는 데 사용하겠다고 하십니다.

렘 1:18-19 18 보라 내가 오늘 너를 그 온 땅과 유다 왕들과 그 지도자들

과 그 제사장들과 그 땅 백성 앞에 견고한 성읍, 쇠기둥, 놋성벽이 되게 하였은즉 19 그들이 너를 치나 너를 이기지 못하리니 이는 내가 너와 함께 하여 너를 구원할 것임이니라 여호와의 말이니라

하나님이 예레미야를 열방의 선지자로 세우셨습니다. 그리고 온 유다 왕들과 백성들 앞에 견고한 성읍, 쇠기둥, 놋성벽같이 되게 하셨습니다. 유다 백성들이 예레미야를 건들지 못하게 하겠다는 것입니다.

예레미야의 앞길에 많은 고난이 찾아올 것입니다. 그러나 두려워할 것 없습니다. 하나님이 함께하심으로 지켜 주실 것이기 때문입니다. 하나님은 예레미야에게 이렇게 말씀하십니다.

렘 33:3 너는 내게 부르짖으라 내가 네게 응답하겠고 네가 알지 못하는 크고 은밀한 일을 네게 보이리라

간혹 성도들 중에 부르짖는 기도를 하찮게 여기는 분들이 있습니다. 저는 30년이 넘는 시간 동안 부르짖어 기도해 왔습니다. 신학대학원 시절은 광야를 통과하는 시기였습니다. 매일의 삶이 너무 힘들고 고단해서 기도하지 않으면 살아갈 수 없었습니다. 학교에 도착하면 제일 먼저 당시 도서관 아래에 있었던 기도굴에 들어가 한 시간 정도 부르짖어 기도한 후 수업에 들어갔습니다. 그러다 보니 목이 성할 날 없이 늘 쉬어 있

었습니다. 주변 동료들도 그렇고 교수님들도 저를 걱정해서 너무 크게 소리 내서 기도하지 말라고 권면했습니다. 저를 아끼고 특별히 시간을 내어 성경을 가르쳐 주셨던 교수님도 하나님은 우리가 소리 지르지 않고 조용히 기도해도 다 들으시니 목을 아끼라고 권면해 주었습니다.

그러나 삶의 문제가 너무 커서 부르짖어 기도하지 않으면 살 수 없는 상황이었습니다. 그래서 하루는 기도하다 말고 하나님께 질문했습니다.

"하나님, 하나님은 조용히 기도해도 다 들으신다고 교수님과 동료들이 권면하는데 어떻게 해야 할까요?"

그때 하나님이 저에게 이렇게 말씀해 주셨습니다.

"아들아, 나는 네가 부르짖어 기도하는 것이 너무 좋다."

이 음성을 듣고부터는 누가 뭐라고 해도 매일 부르짖어 기도했습니다. 부르짖는 기도를 통해 가난과 개척교회의 한계를 돌파했습니다.

환경을 초월하고 한계를 돌파하게 한다

예레미야는 지금 시위대의 뜰에 갇혀 있습니다. 하나님의 심판이 임박했고, 백성들이 말할 수 없는 고통을 당하고 있어도 그는 갇혀서 아무 일도 할 수 없습니다. 답답하고 꽉 막힌 상황입니다.

유다의 상황은 매우 어려웠습니다. 바벨론의 느부갓네살은 수많은 군대를 이끌고 유다를 향해 오고 있습니다. 바벨론의 공격을 앞두고 백성들은 하나님보다 애굽을 의지했습니다. 하나님은 예레미야에게 바벨론에 항복해야 유다가 살 수 있다고 말씀하십니다. 예레미야는 하나님의 말씀을 왕과 신하들에게 전했습니다. 그런데 그들은 오히려 예레미야를 민족의 배신자로 여겨 감옥에 가두어 버립니다(렘 33:1). 정말 답답한 상황입니다. 그때 하나님이 예레미야에게 찾아와 말씀하셨습니다.

렘 33:2 일을 행하시는 여호와, 그것을 만들며 성취하시는 여호와,
그의 이름을 여호와라 하는 이가 이와 같이 이르시도다

하나님이 새 일을 만들고 일을 성취하신다는 것입니다. 예레미야는 감옥에 갇혀 있습니다. 동서남북 사방이 다 막혀 있습니다. 외부와 철저하게 단절되어 있습니다. 아무도 만날 수 없고, 아무 도움도 받을 수 없습니다. 그래서 답답합니다. 그런데 예레미야가 몰랐던 것이 하나 있습니다. 바로 하늘 문이 열려 있다는 사실입니다.

하나님의 말씀이 감옥에 있는 예레미야 선지자에게 임했습니다. 하나님은 예레미야에게 하늘 문이 열려 있으니 부르짖어 기도하라고 하셨습니다. 기도하면 하나님이 응답해 주시

고, 한계를 뛰어넘게 하시며, 그가 알지 못하는 크고 은밀한 일을 보여 주겠다고 하셨습니다.

기도는 환경을 초월해 은혜의 보좌 앞으로 나아가도록 길을 만듭니다. 기도는 한계를 돌파하는 능력입니다. 기도는 우리가 고통 가운데 있을 때 더욱 빛을 발하게 합니다.

하나님이 사용하신 인물 중에는 한계를 돌파한 사람들이 많습니다. 요셉은 2년 동안 깊은 감옥에서 지냈습니다. 감옥은 답답하고 외롭고 고독하며 자유가 박탈된 곳입니다. 성경에는 요셉이 그 기간을 어떻게 보냈는지에 관한 기록이 없습니다. 요셉은 아무것도 할 수 없는 고난의 시간을 통과하며 하나님께 부르짖어 기도했을 것입니다. 하나님은 요셉이 부르짖어 기도하는 동안 바로가 꿈을 꾸게 하셨습니다. 또한 칠 년 풍년과 칠 년 흉년을 예비하셨습니다.

큰 딸이 로스쿨을 다닐 때, 너무 힘들어 수업이 끝나면 혼자 동아리실에 가서 밤늦게까지 부르짖어 기도했었다고 합니다. 매일 방언으로 기도했는데, 하루는 친구가 밤에 동아리실 쪽에서 이상한 소리가 난다는 소문이 학교 SNS에 올라왔다고 하면서 혹시 귀신일지 모르니 밤에 조심히 다니라고 했다고 합니다. 딸은 자신의 기도 소리인 줄 직감으로 알았지만 멈추지 않고 계속 부르짖어 기도했습니다. 그 부르짖는 기도가 한계를 돌파하게 만들었고, 마침내 변호사가 되어 지금은 법률사무소에서 일하고 있습니다.

하나님은 예레미야가 갇혀 있는 감옥에 찾아오셨습니다. 그리고 감옥에서 할 수 있는 것을 하라고 말씀하셨습니다. 그것이 기도입니다. 우리는 어려운 상황을 만나면 할 수 있는 일이 없다고 말합니다. 그런데 하나님은 기도할 수 있다고 말씀하십니다. 기도는 환경을 초월하고 한계를 돌파하는 능력이기 때문입니다. 가장 놀라운 기도는 동서남북이 막혀 있는 한계 상황에서 이루어집니다.

다윗도 한계를 만났을 때 부르짖어 기도했습니다. 시편 142편 표제는 "다윗이 굴에 있을 때에 지은 마스길 곧 기도"입니다. 다윗이 얼마나 어려운 상황에 처해 있는지 알 수 있습니다.

시 142:1-4 1 내가 소리 내어 여호와께 부르짖으며 소리 내어 여호와께 간구하는도다 2 내가 내 원통함을 그의 앞에 토로하며 내 우환을 그의 앞에 진술하는도다 3 내 영이 내 속에서 상할 때에도 주께서 내 길을 아셨나이다 내가 가는 길에 그들이 나를 잡으려고 올무를 숨겼나이다 4 오른쪽을 살펴 보소서 나를 아는 이도 없고 나의 피난처도 없고 내 영혼을 돌보는 이도 없나이다

다윗은 고통 가운데 하나님께 기도하던 중에 하늘이 열려 있는 것을 깨달았습니다. 다윗의 기도는 점점 더 깊어졌습니다. 하나님만이 피난처요 구원자라고 고백하며, 자신을 핍박하는 대적의 손에서 건져 달라고 기도했습니다.

시 142:5-7 5 여호와여 내가 주께 부르짖어 말하기를 주는 나의 피난처시요 살아 있는 사람들의 땅에서 나의 분깃이시라 하였나이다 6 나의 부르짖음을 들으소서 나는 심히 비천하니이다 나를 핍박하는 자들에게서 나를 건지소서 그들은 나보다 강하니이다 7 내 영혼을 옥에서 이끌어 내사 주의 이름을 감사하게 하소서 주께서 나에게 갚아 주시리니 의인들이 나를 두르리이다

다윗은 사방으로 에워싸여 있는 어두운 동굴에서 부르짖어 기도했습니다. 하나님은 그런 다윗을 사랑하셨고 높여 주셨습니다. 한계를 돌파할 수 있도록 은혜를 베풀어 주셨습니다.

우리도 한계를 만나 괴로울 수 있습니다. 아무것도 할 수 없다고 절망할 수 있습니다. 그런데 아직 중요한 것이 남아 있습니다. 부르짖어 기도하는 것입니다.

크고 은밀한 일을 보게 한다

하나님은 예레미야에게 부르짖어 기도하라고 말씀하셨습니다(렘 33:3). 하나님은 예레미야가 기도하지 않아도 크고 비밀한 일을 보여 주실 수 있습니다. 그런데 하나님은 먼저 부르짖어 기도하라고 하셨습니다. 하나님은 우리의 기도를 통해 은밀한 일들을 이루시기 때문입니다.

예레미야는 하나님의 이름을 부르며 부르짖어 기도했습니다. 하나님은 크고 은밀한 일을 보여 주셨습니다. 장차 이스라엘을 치료하고 회복시켜 주겠다고 하셨습니다. 세계 열방 가운데 유다가 하나님의 기쁨이 되게 하겠다는 말씀입니다.

렘 33:9 이 성읍이 세계 열방 앞에서 나의 기쁜 이름이 될 것이며 찬송과 영광이 될 것이요 그들은 내가 이 백성에게 베푼 모든 복을 들을 것이요 내가 이 성읍에 베푼 모든 복과 모든 평안으로 말미암아 두려워하며 떨리라

미국 신시내티대학교의 안종혁 교수는 박사 과정 당시 자격 시험에 네 번이나 떨어지는 처절한 실패를 경험했습니다. 영어가 부족하고 전공 기초가 약해 더 이상 앞으로 나아갈 수 없는 절박한 상황에서 모든 것을 내려놓고 매일 새벽을 깨우며 하나님께 기도했습니다.

안 교수는 박사 논문을 준비하면서 더 이상 앞으로 나아갈 수 없는 막막한 상황을 경험했습니다. 미세한 기계 구조와 전자 회로를 결합하는 멤스(MEMS) 설계를 진행하던 중, 이론적으로나 기술적으로 풀리지 않는 복잡한 회로 설계 문제에 부딪힌 것입니다. 며칠 밤을 새우며 고민하고 수많은 자료를 찾아봤지만, 당시 기술력으로는 해결책을 찾기 어려웠습니다. 막다른 골목에 다다른 것만 같았습니다. 안 교수는 이 문제를

들고 새벽마다 눈물로 기도했습니다.

"하나님, 이 연구는 하나님의 창조 질서를 발견하는 과정입니다. 제게 지혜를 주십시오!"

그날도 안 교수는 간절히 기도하고 잠자리에 들었습니다. 그런데 그날 꿈속에서 하나님이 복잡한 멤스 회로의 설계도를 환상처럼 보여 주셨습니다. 잠에서 깬 그는 기억이 사라지기 전에 꿈에서 본 대로 종이에 옮겨 그렸습니다. 그리고 다음 날 하나님이 보여 주신 설계를 구현해 보았습니다. 그랬더니 놀랍게도 그동안 풀리지 않던 문제가 완벽하게 해결되었습니다.

이 경험을 통해 안 교수는 '모든 과학과 지식의 근원이 하나님의 창조 질서 속에 있다'는 사실을 뼛속 깊이 깨달았습니다. 이 일은 안 교수가 박사 학위를 무사히 마치고, 이후 세계적인 멤스 전문가로 우뚝 서는 결정적인 계기가 되었습니다.

하나님은 우리가 알지 못하는 크고 은밀한 일을 행하십니다. 문제의 해답은 기도에 있습니다. 우리가 기도하면 하나님이 일을 행하십니다. 크고 은밀한 일을 보여 주십니다. 기도하는 사람, 기도하는 국가는 망하지 않습니다.

하늘의 천사들을 움직이게 한다

기도는 하늘의 비밀입니다. 하나님은 우리가 부르짖어 기도할 때 은밀한 일을 보여 주십니다. 다니엘은 죽음의 위기에 빠졌을 때 하나님께 부르짖어 기도했습니다. 그때 하나님이 느부갓네살왕이 꾸었던 꿈을 보여 주셨습니다(단 2:19). 다니엘은 하나님을 찬송했습니다. 기도에 응답하시는 하나님을 찬양했습니다.

단 2:22-23 22 그는 깊고 은밀한 일을 나타내시고 어두운 데에 있는 것을 아시며 또 빛이 그와 함께 있도다 23 나의 조상들의 하나님이여 주께서 이제 내게 지혜와 능력을 주시고 우리가 주께 구한 것을 내게 알게 하셨사오니 내가 주께 감사하고 주를 찬양하나이다 곧 주께서 왕의 그 일을 내게 보이셨나이다 하니라

다니엘은 사자굴에 들어갔을 때에도 기도의 끈을 놓지 않았습니다. 그가 기도할 때 하나님이 천사를 보내어 사자의 입을 막으셨습니다. 또한 다니엘이 기도할 때 하나님은 가브리엘 천사를 보내셔서 기도에 응답하셨습니다.

단 9:21-23 21 곧 내가 기도할 때에 이전에 환상 중에 본 그 사람 가브리엘이 빨리 날아서 저녁 제사를 드릴 때 즈음에 내게 이르더니 22

내게 가르치며 내게 말하여 이르되 다니엘아 내가 이제 네게 지혜와 총명을 주려고 왔느니라 23 곧 네가 기도를 시작할 즈음에 명령이 내렸으므로 이제 네게 알리러 왔느니라 너는 크게 은총을 입은 자라 그런즉 너는 이 일을 생각하고 그 환상을 깨달을지니라

하나님은 다니엘을 위해서 미가엘 천사를 보내 가브리엘 천사를 돕게 하셨습니다.

단 10:13 그런데 바사 왕국의 군주가 이십일 일 동안 나를 막았으므로 내가 거기 바사 왕국의 왕들과 함께 머물러 있더니 가장 높은 군주 중 하나인 미가엘이 와서 나를 도와 주므로

다니엘이 기도할 때 하나님이 천사를 보내셔서 다니엘에게 지혜와 총명을 주셨습니다. 장차 이루어질 일을 계시해 주셨습니다. 다니엘은 기도를 통해 능력 있는 삶을 살았습니다.

하나님의 보좌 앞으로 인도한다

기도하는 사람은 감옥에 갇혀 있다고 하더라도 하늘의 보좌를 움직일 수 있습니다. 그의 영혼이 하늘을 향해 열려 있기 때문입니다. 기도하는 손은 세상에서 가장 긴 손입니다. 기도하

는 손은 하늘 보좌에까지 올라갑니다.

아말렉과 전투할 때 모세가 산꼭대기에 올라가 하나님 앞에 드렸던 기도를 생각해 보십시오.

출 17:11 모세가 손을 들면 이스라엘이 이기고 손을 내리면 아말렉이 이기더니

기도하는 모세의 손은 하늘 보좌 앞까지 올라갔습니다. 그의 손은 하나님의 손을 붙잡았습니다. 그때 이스라엘은 아말렉과의 전쟁에서 승리했습니다.

우리의 육신은 연약합니다. 시공간과 환경의 제한을 받습니다. 그러나 우리의 영은 제한을 받지 않습니다. 부르짖어 기도할 때 예레미야처럼, 다니엘처럼, 바울과 실라처럼 모든 것을 초월해 하늘에 이르게 됩니다. 부르짖어 기도할 때 답답한 한계를 돌파할 수 있습니다. 기도는 우리를 강하게 만듭니다.

중국 선교사인 허드슨 테일러는 어느 날 집회 인도를 위해 배를 탔습니다. 선장은 바람이 불지 않아 배가 더 갈 수 없다면서 가까운 항구에 정박해 버렸습니다. 테일러는 저녁에 강 건너편 교회에서 집회를 인도해야 했습니다. 그는 선장에게 어떻게 해서든지 배를 움직여 보라고 말했습니다. 그러자 선장이 말했습니다.

"당신은 목사가 아닙니까? 당신이 하나님께 기도해서 바람

이 불게 해야지 내가 어떻게 합니까?"

그는 선장의 말에 큰 깨달음을 얻었습니다. 그래서 이렇게 말했습니다.

"그러면 배를 목적지 방향으로 돌리세요."

"바람도 안 부는데 배를 그 방향으로 왜 돌려요? 오늘 저녁에 이 항구에서 묶고 가야 됩니다."

그가 다시 말했습니다.

"우리는 반드시 갑니다. 배를 목적지 방향으로 돌리세요."

선장이 배를 목적지 방향으로 돌려놓았습니다. 테일러는 배 밑창에 내려가 하나님께 부르짖어 기도하기 시작했습니다.

"하나님이여, 바람을 일으켜 주소서."

한참 기도하고 있는데 바깥에서 선장이 문을 두드렸습니다.

"목사님, 기도 그만하십시오. 바람이 너무 불어 큰일나겠습니다."

부르짖어 기도하는 사람은 한계를 초월합니다. 다른 사람이 보지 못한 것을 보고 알지 못하는 것을 알게 됩니다. 부르짖어 기도하는 사람은 하나님의 약속을 보게 됩니다. 그래서 기도하는 사람은 항상 소망이 넘칩니다. 미래가 밝습니다. 부르짖는 기도는 강력한 기도입니다. 부르짖어 기도할 때 하늘 문이 열립니다. 막힌 담이 무너지고 강력한 돌파가 일어납니다.

Q 기도 응답이 없거나 이루어지지 않을 때
실망하고 낙심하게 됩니다. 내 욕심인지,
하나님의 뜻인지 어떻게 분별할 수 있나요?

A 기도해도 응답이 없을 때 우리는 낙심하기 쉽습니다.
그러나 하나님의 침묵은 응답 없음이 아니라, 기다리
라는 응답이거나 더 좋은 때를 준비하시는 과정일 수
있습니다.
내 욕심인지 하나님의 뜻인지 분별하려면 그 기도제
목이 말씀과 일치하는지, 하나님께 더 가까워지게 하
는지, 기도할수록 마음에 평안이 있는지를 살펴 보아
야 합니다. 기도의 목직은 단지 원하는 깃을 읻는 깃
이 아니라 하나님의 뜻에 우리 마음이 맞추어지고 하
나님과 더 가까워지는 것입니다. 신실한 믿음의 사람
들도 하나님의 침묵을 경험했습니다(합 1:2).

합심
기도

: 한마음으로
위기를 기회로 바꾼다

합심기도는 두 사람 이상이
마음을 합하여 부르짖는 기도다.
하나님은 우리가 연합하여 뜨겁게 기도할 때
막힌 담을 돌파하게 해 주신다.

위기를 잘 감당하면 형통이 열린다

느부갓네살왕이 꿈을 꾸었는데 너무나 특이했습니다. 아무리 생각해도 하늘의 계시가 있는 것이 분명했습니다. 그래서 그는 바벨론 최고 지혜자들과 꿈을 해석하는 박사들을 불러 자신이 꾼 꿈과 해석을 내놓으라고 명령을 내렸습니다. 꿈과 해석을 말하지 않으면 그들의 몸을 쪼개고 거름더미로 만들겠다고 엄포를 놓았습니다. 그러나 꿈과 해석을 알려 주는 사람에게는 큰 상을 내리겠다고 했습니다(단 2:5-6).

느부갓네살왕의 요구 앞에 바벨론의 모든 지혜자와 박사들은 당황합니다. 꿈을 알려 주고서 해석을 하라고 해야지 어떻게 말도 해주지 않고 해석하라는 명령을 내리냐는 것입니다. 그들은 왕의 꿈을 알아낼 도리가 없었습니다. 그래서 왕을 찾아와 이렇게 대답합니다.

> 단 2:11 왕께서 물으신 것은 어려운 일이라 육체와 함께 살지 아니하는 신들 외에는 왕 앞에 그것을 보일 자가 없나이다 한지라

이런 일은 육체를 가진 사람과 함께 살지 않는 신들만 가능하다고 했습니다. 느부갓네살왕은 지혜자들과 박사들을 모두 거짓말쟁이라 하며 분노했습니다. 결국 그는 바벨론의 모든 지혜자를 죽이라는 엄명을 내렸습니다. 그중에 다니엘과 세

친구도 포함되어 있었습니다(단 2:12-13).

다니엘과 세 친구는 죽음의 위기를 맞았습니다. 만약 왕의 꿈과 그 해석을 알아내지 못한다면 죽을 수밖에 없습니다. 그런데 모든 사건에는 항상 위기와 기회라는 양면성이 있습니다. 우리는 어떤 사건을 만나든지 침착해야 합니다. 그것이 아무리 큰 위기요, 엄청난 불행처럼 보일지라도 잘 감당하면 그 안에 감추어진 보화를 발견합니다.

다니엘과 세 친구가 그렇습니다. 그들은 위기 때문에 오히려 더 형통하게 됩니다. 이 사건의 결론을 보면 정말 놀랍습니다. 느부갓네살왕이 다니엘에게 엎드려 절을 합니다. 다니엘의 하나님께 영광을 돌립니다. 다니엘은 온 지방을 다스리는 권세를 얻습니다. 그의 친구들까지도 형통하게 됩니다(단 2:46-49).

어떻게 이런 반전이 일어날 수 있었을까요? 다니엘과 친구들이 합심하여 기도했기 때문입니다. 합심기도는 강력한 능력입니다. 위기를 만났을 때 합심으로 기도하면 새로운 기회의 문이 열립니다. 합심기도에는 문제를 해결하고 막힌 담을 돌파하는 강력한 능력이 있습니다.

마귀가 가장 두려워하는 무기다

합심기도는 단순히 인원수가 많고 적음의 문제가 아니라,

방향이 하나로 모이고 마음이 하나 되는 일입니다. 우리는 혼자서 기도할 수 있습니다. 그런데 연합해서도 기도할 수 있습니다. 혼자 악기를 연주하는 것을 독주라고 하고, 여러 악기로 함께 연주하는 것을 합주라고 하듯, 여러 사람이 연합해서 기도하는 것을 합심기도라고 합니다. 오케스트라가 연합해서 연주할 때 엄청난 힘이 느껴지는 것처럼, 합심해서 기도하면 강력한 능력이 생깁니다. 합심기도는 마귀가 가장 두려워하는 무기입니다.

다니엘의 무기는 기도에 있습니다. 다니엘이 기도할 때 하나님은 그에게 지혜를 주셨습니다. 다니엘은 함부로 행동하지 않았습니다. 다니엘이 직면한 사건에는 자신의 생명뿐만 아니라 세 친구의 생명 그리고 바벨론의 모든 지혜자들의 목숨이 달려 있습니다. 그래서 그는 더욱 신중하게 행동했습니다.

다니엘은 왕의 명령이 긴급하다는 사실을 알았습니다. 그래서 깊이 생각했습니다. 문제의 실마리를 어디서부터 풀어야 할지 고민하며 기도했습니다. 그리고 왕의 근위대장인 아리옥을 찾아갑니다. 다니엘은 그에게 이렇게 질문합니다.

단 2:14-15 14 그때에 왕의 근위대장 아리옥이 바벨론 지혜자들을 죽이러 나가매 다니엘이 명철하고 슬기로운 말로 15 왕의 근위대장 아리옥에게 물어 이르되 왕의 명령이 어찌 그리 급하냐 하니 아리옥이 그 일을 다니엘에게 알리매 다니엘이 아리옥을 찾아간 것은 아주 잘한 일이었습니다. 다니엘은 누구를 만나야 문제의 실마리가 풀릴지 알았습니다. 근위대장 아리옥은 쉽게 만날 수 있는 사람이 아닙니다. 그는 왕의 명령을 받은 사람입니다. 만약 그에게 잘못 보였다가는 그 자리에서 죽을 수도 있습니다. 그럼에도 아리옥은 왕을 만나게 해줄 수 있는 사람입니다. 이 문제는 왕을 만나야 해결할 수 있습니다. 아리옥은 다니엘을 왕에게로 인도합니다.

드디어 다니엘이 왕을 대면합니다. 다니엘은 그 자리에서 왕의 꿈을 알 수 있는 시간을 달라고 요청합니다. 그러면 왕의 꿈과 해석을 알려 주겠다고 했습니다(단 2:16). 다니엘은 왕 앞에 나아감으로써 하나님께 기도할 시간을 확보할 수 있었습니다. 다니엘은 왕을 만난 후 먼저 세 친구에게 기도를 부탁합니다. 그리고 골방에서 기도합니다. 다니엘은 합심기도의 능력을 알았습니다.

단 2:17-18 17 이에 다니엘이 자기 집으로 돌아가서 그 친구 하나냐와 미사엘과 아사랴에게 그 일을 알리고 18 하늘에 계신 하나님이 이 은밀한 일에 대하여 불쌍히 여기사 다니엘과 친구들이 바벨론의 다른 지혜자들과 함께 죽임을 당하지 않게 하시기를 그들로 하여금 구하게 하니라

사도행전 2장에 보면 마가의 다락방에 120명의 성도가 모

여 합심으로 기도했습니다. 이때 하늘 문이 열리고 불의 혀처럼 갈라지는 것들이 각 사람 위에 임했습니다. 하늘에서 급하고 강한 바람 같은 소리가 들려왔습니다. 그곳에 모인 모든 사람이 성령을 받고 새 방언을 말했습니다. 교회는 폭발적으로 성장했고, 사도들은 능력을 받아 담대하게 복음을 전파했습니다. 합심기도는 하늘 문을 여는 능력입니다.

사도행전 12장에는 베드로가 복음을 전하다가 군인들에게 잡혀 감옥에 갇히는 장면이 나옵니다. 그때 초대교회 성도들이 한자리에 모여 합심하여 기도했습니다. 그때 하나님이 천사를 보내 베드로를 감옥에서 꺼내 주셨습니다.

> 행 12:5-7 5 이에 베드로는 옥에 갇혔고 교회는 그를 위하여 간절히 하나님께 기도하더라… 7 홀연히 주의 사자가 나타나매 옥중에 광채가 빛나며 또 베드로의 옆구리를 쳐 깨워 이르되 급히 일어나라 하니 쇠사슬이 그 손에서 벗어지더라

출애굽기 17장, 이스라엘 백성과 아말렉 사이의 전쟁에서 모세가 손을 들고 기도하면 이스라엘이 이기고, 손이 내려오면 아말렉이 이겼습니다. 모세의 손이 내려오자 아론과 훌이 돌을 가져다가 그 위에 모세를 앉히고 양쪽에서 그의 손을 잡고 합심하여 기도했습니다. 그러자 여호수아가 이끄는 이스라엘의 군대가 아말렉을 완전히 진멸했습니다.

제2차 세계대전 중에 일어난 이야기입니다. 히틀러가 전쟁을 일으키자 유럽은 연합군을 형성하여 독일군과 전쟁하였습니다. 독일군에 밀려 프랑스 덩케르크 해안에 고립된 영국군과 연합군 30여만 명이 전멸할 위기에 처했습니다. 영국군 앞에는 평소 거칠기로 유명한 도버해협이 있었고, 뒤에는 히틀러의 독일군이 있었습니다. 다급해진 영국군은 국왕 조지 6세에게 보고했고, 국왕은 국민들에게 이렇게 호소했습니다.

"어떻게 하든지 위기에 처한 영국 군대를 구해야 합니다. 우리 국민 모두는 전지전능하신 하나님께 기도합시다. 하나님만이 우리를 구해 주실 수 있습니다."

영국의 모든 국민이 그날 하루 금식하며 합심하여 기도했습니다. 그때 하나님이 영국군을 도우셨습니다. 독일군이 주둔해 있는 곳에 엄청난 폭우가 내리고 천둥번개가 쳐 전투기가 뜨지 못하게 막으셨습니다. 영국군이 건너던 도버해협도 이상하리만치 잔잔했습니다. 군인들은 무사히 돌아올 수 있었습니다. 합심하여 기도하면 역사가 일어납니다.

문제를 해결하는 강력한 능력이다

예수님도 합심기도의 능력을 우리에게 가르쳐 주셨습니다.

마 18:19   진실로 다시 너희에게 이르노니 너희 중의 두 사람이 땅에서 합심하여 무엇이든지 구하면 하늘에 계신 내 아버지께서 그들을 위하여 이루게 하시리라

예수님은 우리가 합심으로 기도하면 그곳에 함께하시겠다고 말씀하셨습니다.

마 18:20   두세 사람이 내 이름으로 모인 곳에는 나도 그들 중에 있느니라

하나님은 우리가 합심으로 기도하는 것을 기뻐하십니다. 합심은 헬라어로 '쉼포네오'입니다. 이는 '합심하다', '일치하다'는 뜻입니다. 여기에서 '심포니'(symphony)라는 단어가 나왔습니다. 심포니는 여러 악기가 한데 어우러져 조화를 이루는 것입니다. 합심기도는 여러 사람이 하나님 앞에서 영적 심포니를 이루는 것입니다.

다니엘과 세 친구가 합심하여 기도했을 때 하나님이 응답하셨습니다.

단 2:19   이에 이 은밀한 것이 밤에 환상으로 다니엘에게 나타나 보이매 다니엘이 하늘에 계신 하나님을 찬송하니라

다니엘과 세 친구가 기도하기 전에는 어떤 계시도 내려오지

않았습니다. 그런데 기도를 시작하자 하나님이 찾아오신 것입니다. 하나님은 다니엘과 세 친구가 기도할 때 은밀한 것을 보여 주셨습니다. 그래서 다니엘은 하나님을 찬양합니다.

> 단 2:22 그는 깊고 은밀한 일을 나타내시고 어두운 데에 있는 것을 아시며 또 빛이 그와 함께 있도다

내가 교회를 개척한 후 3년이 정말 빠르게 흘러갔습니다. 하나님의 은혜로 함께 예배드리는 성도가 하나둘 늘어났습니다. 그런데 예배 중에 아이들이 소리 지르며 성전을 뛰어다녔습니다. 좁은 공간 탓이었습니다. 그래서 기도하기 시작했습니다.

"하나님, 더 큰 성전을 주십시오."

기도는 바로 응답되었습니다.

신도시 상가 100평 규모의 예배 공간으로 이사하게 되었습니다. 넉넉해진 공간에서 아이들도 자유롭게 뛰놀고, 성도들도 편안히 예배드릴 수 있었습니다. 그러나 또 다른 문제가 기다리고 있었습니다. 월세와 관리비가 생각보다 비쌌습니다. 당장은 버틸 수 있었지만, 미래가 보이지 않았습니다. 교회 재정은 늘 긴장의 연속이었습니다. 1년 반쯤 지났을 때, 마음속에 이런 생각이 올라왔습니다.

'월세를 내는 것보다 차라리 건물을 사서 은행 이자를 내는 편이 낫지 않겠는가.'

그날부터 기도 내용이 바뀌었습니다.

"하나님, 교회 건물을 주십시오."

몇 개월 기도했을 때 안산시 월피동에 작은 교회 건물이 매물로 나와 있음을 알게 되었습니다. 전화로 약속하고 현장을 찾아갔습니다. 지붕의 기왓장은 바람에 날아갔는지 듬성듬성 빠져 있었고, 건물 외벽은 비뚤비뚤했으며, 화장실조차 없었습니다. 큰비라도 오면 금방 무너질 것 같은 건물이었습니다. 너무 실망하여 말문이 막혔습니다.

"하나님… 이건 아닌데요."

실망한 채 돌아왔습니다. 그로부터 일주일이 지났습니다. 목양실 바닥에 누워 잠시 쉬고 있는데, 제 마음속에 분명한 하나님의 음성이 들려왔습니다.

"그래도 장소는 괜찮다."

벌떡 일어나 차를 몰고 그곳으로 향했습니다. 다시 보니 입지는 괜찮아 보였습니다. 사람의 눈으로 보면 무너질 것 같은 건물이었지만, 하나님의 시선으로 보니 가능성이 보이기 시작했습니다. 성도들에게 그동안 있었던 일을 설명했고, 믿음으로 그 건물을 계약했습니다. 그런데 계약 후에 알게 된 사실이 더 큰 시험이었습니다. 그 교회 건물이 교회 소유가 아닌 교단 유지재단 소유였던 것입니다. 문제는 이뿐만이 아니었습니다. 우리와 계약하기 전, 이미 다른 교회와 먼저 계약이 체결된 상태였습니다. 전 계약 당사자들은 서로 이해관계가 맞지 않아 계약금을 반환하고 해지하기로 합의했다고 했습니다. 하지만 우리가 계약금과 중도금까지 지급했음에도, 상대측은 먼저 계약했던 교회에 돌려줘야 할 계약금을 여전히 반환하지 않았습니다.

또한 은행 대출을 알아보았는데, 계약한 건물의 소유가 유지재단으로 되어 있으니 계약서를 다시 작성해 오라고 했습니다. 그런데 유지재단의 입장은 단호했습니다. 재단과 상의 없이 목사님이 임의로 계약했으니, 계약은 무효이고 계약서를 다시 작성해 줄 수 없다는 것이었습니다. 길이 완전히 막힌 것처럼 보였습니다.

나는 이 사실을 성도들에게 알렸고, 많지 않은 성도지만 매일 밤 교회에 모여 합심하여 기도했습니다. 입주하기로 한 날짜는 지났지만, 문제는 조금도 해결될 기미가 보이지 않았습니다. 그럼에도 매일 저녁 성도들이 모여 합심하여 기도했습니다. 하루는 이 문제를 놓고 간절히 기도하는데 하나님의 음성이 들려왔습니다.

"유지재단 이사장을 만나라."

나는 먼저 계약했던 교회 목사님과 함께 다음 날 유지재단을 찾아갔습니다. 그런데 재단 총무가 단호하게 거절하며 문을 닫고 들어가 버렸습니다. 우리는 다른 직원에게 이사장님의 교회 주소를 물었습니다. 전라남도 목포시라는 답을 들었습니다. 곧바로 목포로 향했습니다. 오후 5시쯤 도착했는데,

이사장님은 여수에서 집회를 인도하는 중이라고 했습니다.

우리는 기다리다가 저녁 8시에 이사장님을 만날 수 있었습니다. 우리는 지금까지의 모든 상황을 설명했습니다. 이사장님은 조용히 이야기를 듣더니 이렇게 말했습니다.

"내가 이 문제를 책임지고 해결하겠습니다."

이사장님이 나서자, 문제가 빠르게 풀리기 시작했습니다. 계약서를 다시 작성했고 대출이 실행되어 마침내 잔금을 치를 수 있었습니다. 그런데 또 다른 문제가 생겼습니다. 상대측 교회가 아직 유지재단으로부터 매매 대금을 받지 못해 이사를 갈 수 없다고 했습니다. 우리 교회 건물은 다른 교회가 들어오기로 약속되어 있기 때문에 비워 줘야 했습니다. 오도 가도 못하는 상황에서 성도들은 다시 밤마다 하나님 앞에 모여 합심하여 기도했습니다. 45일쯤 지났을 때 마침내 길이 열려 우리 교회는 이사할 수 있었습니다.

하나님이 응답하셨다고 해서 그 과정에 아무 어려움이 없는 게 아닙니다. 하나님을 믿고 마음을 합하여 나아갈 때 지혜도 주시고 형통의 길로 인도하십니다.

문제를 해석할 수 있는 지혜를 주신다

꿈을 꾸는 것만큼이나 중요한 것은 그 꿈을 해석하는 일입니다. 느부갓네살왕이 원했던 것은 두 가지입니다. 꿈을 알아내고, 그 꿈을 해석하는 것입니다. 우리 인생에서 중요한 것은 남이 보지 못하는 보고, 그것을 바르게 해석해 내는 능력입니다. 이것이 형통한 삶의 비결입니다.

다니엘이 왕 앞으로 나아가서 왕의 꿈과 그 꿈에 대해 해석합니다(단 2:24). 다니엘은 왕에게 자신의 한계를 분명하게 말합니다. 꿈을 알려 주고 해석하시는 분은 자신이 아니라 하늘에 계신 하나님이라고 합니다(단 2:27-28).

다니엘은 겸손했습니다. 그는 자신을 높이려고 하지 않았습니다. 왕 앞에서도 당당하게 하나님이 행하신 일이라고 말합니다.

단 2:31   왕이여 왕이 한 큰 신상을 보셨나이다 그 신상이 왕의 앞에 섰는데 크고 광채가 매우 찬란하며 그 모양이 심히 두려우니

다니엘은 꿈을 해석하면서 장차 나라들이 어떻게 세워지고 폐할 것인가를 설명한 후에 하나님이 세우실 영원한 나라를 소개합니다.

단 2:44-45   44 이 여러 왕들의 시대에 하늘의 하나님이 한 나라를 세우시리니 이것은 영원히 망하지도 아니할 것이요 그 국권이 다른 백성에게로 돌아가지도 아니할 것이요 도리어 이 모든 나라를 쳐서 멸망시키고 영원히 설 것이라 45 손대지 아니한 돌이 산에서 나와서 쇠

와 놋과 진흙과 은과 금을 부서뜨린 것을 왕께서 보신 것은 크신 하나님이 장래 일을 왕께 알게 하신 것이라 이 꿈은 참되고 이 해석은 확실하니이다 하니

꿈은 장차 일어날 사건을 의미합니다. 중요한 것은 사건에 대한 해석입니다. 사건을 잘 해석해야 올바로 반응할 수 있습니다.

위기를 기회로 바꾸어 주신다

다니엘과 세 친구가 합심해서 기도한 결과, 위기가 기회로 바뀌었습니다. 다니엘이 느부갓네살왕에게 그의 꿈과 해석을 알려 주자 왕이 다니엘 앞에 엎드렸습니다. 그리고 세 친구를 높여 줍니다.

단 2:46-49 46 이에 느부갓네살 왕이 엎드려 다니엘에게 절하고 명하여 예물과 향품을 그에게 주게 하니라 47 왕이 대답하여 다니엘에게 이르되 너희 하나님은 참으로 모든 신들의 신이시요 모든 왕의 주재시로다 네가 능히 이 은밀한 것을 나타내었으니 네 하나님은 또 은밀한 것을 나타내시는 이시로다 48 왕이 이에 다니엘을 높여 귀한 선물을 많이 주며 그를 세워 바벨론 온 지방을 다스리게 하며 또 바

벨론 모든 지혜자의 어른을 삼았으며 49 왕이 또 다니엘의 요구대로 사드락과 메삭과 아벳느고를 세워 바벨론 지방의 일을 다스리게 하였고 다니엘은 왕궁에 있었더라

기도로 위기를 기회로 변화시킨 다니엘은 하나님께 감사와 찬양을 올려드렸습니다.

하나님은 우리가 고난 중에 있을 때 더욱 큰 은혜를 내려주십니다. 그래서 고난 가운데 있을 때 절망하거나 낙심하지 말고 더욱더 하나님의 은혜를 갈망해야 합니다. 이것이 믿음입니다. 하나님은 항상 우리의 믿음을 따라 역사하십니다.

다니엘과 세 친구는 하나님의 말씀을 따라 살기로 뜻을 정했습니다. 그들은 거룩한 삶을 살기 위해 왕이 내려 주는 음식을 먹지 않고 포도주를 마시지 않기로 뜻을 정했습니다. 그들은 경건과 거룩한 삶을 추구했습니다. 그들은 친구들과 술 마시면서 포로로 끌려온 슬픔을 나누며 위로받으려 하지 않았습니다. 그들은 적당하게 살려고 하지 않았습니다. 그들은 해야 할 일과 하지 말아야 할 일들을 정하고, 하나님의 말씀을 따라 살기로 뜻을 모았습니다. 그들은 바벨론 왕립학교에 다니는 세계 열국에서 온 많은 청년들 중에 최고가 되기 위해 힘을 다해 노력했습니다. 그래서 그들은 온 나라의 지혜자와 박사들보다도 열 배나 탁월했습니다(단 1:20).

하나님의 일에 쓰임받는 인생이 되게 하신다

느부갓네살왕이 꿈을 꾼 일, 그리고 지혜자들에게 그 꿈과 해석을 보이라고 한 것은 하나님의 섭리입니다. 그렇게 하심으로 하나님이 다니엘에게 주신 재능이 드러났습니다.

> 단 1:17 하나님이 이 네 소년에게 학문을 주시고 모든 서적을 깨닫게 하시고 지혜를 주셨으니 다니엘은 또 모든 환상과 꿈을 깨달아 알더라

하나님은 다니엘에게 재능을 발휘할 수 있는 기회를 주셨습니다. 그런데 그 기회는 위기를 통해서 찾아왔습니다. 다니엘에게는 생명을 건 위기입니다. 세 친구 역시 다니엘 안에 그들이 갖지 못한 놀라운 잠재력이 있는 것을 알았습니다. 그래서 그를 리더로 인정하고, 그가 성공할 수 있도록 협력했습니다. 다니엘이 잘되는 것을 좋아했습니다. 다니엘도 세 친구의 잠재력을 믿었습니다. 그래서 나중에 세 친구를 왕께 천거해서 바벨론의 지방관으로 일하게 합니다(단 2:49). 그들은 크게 쓰임받는 인생이 되었습니다.

Q 제 기도제목을 타인에게 밝히기가 꺼려지는데, 혼자 기도하면 응답이 안 될까요?

A 기도 제목을 다른 사람들과 나누는 것에는 유익이 있지만 부작용도 있습니다. 기도에는 동역자들과 나누어야 할 기도와 하나님께만 드려야 할 기도가 있습니다.

1) 하나님께만 드려야 할 기도

하나님께 받은 비전이나 소원을 너무 빨리 말하면 사람들의 의심이나 부정적인 말로 마음이 흔들릴 수 있습니다. 또한 깊은 상처나 죄의 문제, 개인의 고통과 같은 매우 개인적인 기도는 먼저 하나님과의 은밀한 관계 속에서 다루는 것이 좋습니다.

2) 함께 나누면 좋은 기도

나의 어려운 상황이나 큰 문제 앞에서는 함께 중보해

야 할 필요가 있습니다. 마음이 약해질 때 믿음의 사람들과 나누면 격려와 힘을 얻습니다. 또한 교회, 선교, 사역 등 공동체와 관련된 기도는 함께 나눌 때 하나님이 더 크게 역사하십니다.

기도 제목을 나눌 때는 아무에게나 말하기보다 믿음의 사람을 선택하는 것이 중요합니다.

금식
기도

: 고통의 현실을
역전시킨다

금식기도는 육을 낮추고 영을 세우는 기도다.
하나님 앞에서 영적인 민감성을 회복함으로써
능력 있는 기도를 드리게 한다.

고난을 만났을 때 금식하며 기도하면 역전의 은혜가 부어집니다. 어린 시절 고난을 경험했던 사람들 중에 위대한 성취를 이룬 이들이 많습니다.

말콤 그래드웰이 쓴《다윗과 골리앗》에 보면 난독증 환자들의 이야기가 나옵니다. 난독증은 학습 장애 중 읽기장애를 의미합니다. 난독증을 앓는 이들에게 글자는 때로 거꾸로 뒤집히거나 흩어져 보입니다. 읽지 못한다는 것은 지식을 배우고 습득할 기회를 잃는 것과 같습니다. 그런데 이런 난독증을 가진 사람들 중에 크게 성공을 이룬 이들이 있습니다. 골드만삭스 게리콘 회장, 이케아 캄프라스 회장 , <미션 임파서블> 주인공 톰 크루즈 같은 사람들입니다.

그 중에서 영화 제작자 브라이언 그레이저는 어린 시절부터 난독증으로 고통을 겪었습니다. 그는 아무리 열심히 공부해도 성적이 오르지 않고 거의 낙제 수준이었습니다. 그럼에도 그는 학업을 포기하지 않았습니다. 학교에서 성적표가 나올 때마다 교수들을 찾아가 일대일 면담을 신청하고, 자신이 난독증 환자임을 밝혔습니다. 그는 D를 받으면 C를, C를 받으면 B를 받아야 한다고 교수를 설득했습니다. 그렇게 하니 열에 아홉은 성적을 바꾸어 주었습니다. 그는 교수들을 질리게 했습니다. 이렇게 하면서 브라이언 그레이저는 '설득의 기술'을 배웠습니다. 훗날 그는 할리우드에서 가장 성공한 영화 제작자가 되었습니다.

고난을 통해 인생을 빚어 가신다

'에스더'는 페르시아식 이름으로 '별'이라는 뜻입니다. 별은 어두움 속에서 더욱 영롱한 빛을 냅니다. 에스더는 페르시아 낯선 땅에서 부모 없이 시련을 잘 견디며 성장했습니다. 고난 때문에 하나님을 알게 되었고, 기도하는 법을 배웠습니다. 그녀는 신실한 믿음의 사람이 되었습니다. 그래서 하나님이 에스더를 선택하셨습니다.

요즘 아이들은 결핍을 모른 채 자랍니다. 의식주를 비롯해 모든 면에서 부족함이 없습니다. 아이가 원하기도 전에 부모가 미리 채워 주다 보니, 아이들은 무엇이든 금방 싫증을 냅니다. 반면에 우리 어린 시절은 모든 것이 부족했습니다. 늘 배고팠고 모자랐기에 '싫증'이라는 단어조차 사치였습니다. 1년 내내 구슬치기와 딱지치기만 해도 전혀 지루하지 않았던 이유는 그 구슬 하나가 그만큼 귀했기 때문입니다.

하지만 오늘날 아이들은 너무 쉽게, 자주 바뀝니다. 이런 환경은 성인이 되어서도 인내심 부족으로 이어지곤 합니다. 배우자와 문제가 생기면 쉽게 이혼하려 하거나, 조금만 힘들어도 직장을 그만두는 모습이 그 단면입니다.

식습관도 마찬가지입니다. 부모는 아이가 밥을 안 먹는 것을 두려워하며 피자, 햄버거, 치킨 같은 고열량 간식을 수시로 챙겨 줍니다. 그렇게 간식을 먹고도 밥을 잘 먹는 아이가 있다면 오히려 그게 더 이상할 것입니다. 이제는 못 먹어서 병에 걸리는 시대가 아니라, 너무 많이 먹어서 문제가 되는 시대입니다.

모르드개는 에스더의 삼촌입니다. 모르드개도 낯선 땅에서 잡초처럼 살아남았습니다. 하나님은 모르드개를 준비하셔서 에스더를 양육케 하셨고, 그녀가 페르시아의 왕비가 되도록 인도하셨습니다. 이것을 우리는 '하나님의 은혜'라고 말합니다.

하나님은 시련을 통해 우리를 빚어 가십니다. 힘들게 자녀를 키우는 분들은 너무 걱정하지 마십시오. 아이를 어린이집에 맡기고, 때로는 아이들끼리만 집에 두어야 하는 맞벌이 부부들도 너무 미안해하지 마십시오. 하나님이 친히 그들의 보호자가 되어 놀랍게 키우십니다.

에스더와 요셉을 보십시오. 그들은 부모의 보살핌 없이 성장했으나 누구보다 귀하게 쓰임받았습니다. 인생은 만만치 않습니다. 너무 나약하게 자라면 힘든 일을 만났을 때 쉽게 낙심합니다. 에스더는 어린 시절의 결핍과 고난 속에서 오직 하나님만 의지했고, 하나님은 그녀를 긍휼히 여기셔서 은혜의 손

길로 가장 영광스러운 자리로 인도하셨습니다.

에스더가 처녀가 되었을 때 페르시아에서는 왕비 와스디가 왕을 무시한 일로 폐위되었습니다. 그리고 새로운 왕비를 간택하는 일이 대대적으로 진행되었습니다(에 2:2-4). 이때 하나님이 에스더에게 은혜를 베푸사 왕비 간택의 책임자인 헤개를 만나게 해 주셨습니다. 헤개가 에스더를 좋게 보았습니다(에 2:9). 하나님의 은혜이고 역사입니다. 이후 에스더는 왕비가 되었습니다.

> 에 2:17 왕이 모든 여자보다 에스더를 더 사랑하므로 그가 모든 처녀보다 왕 앞에 더 은총을 얻은지라 왕이 그의 머리에 관을 씌우고 와스디를 대신하여 왕후로 삼은 후에

우리가 자녀를 키우면서 반드시 해야 할 기도가 있습니다.

"하나님, 우리 자녀가 하나님과 사람들 앞에서 은총을 입게 해 주세요."

사람들이 이유 없이 좋아하고 사랑스러워하는 아이들이 있습니다. 하나님의 은혜가 부어지기 때문입니다. 예수님도 성장 과정에서 하나님과 사람 앞에서 사랑스러워지셨습니다(눅 2:52). 하나님이 우리에게 은혜를 주실 때 사람들에게 사랑받고 존경받는 은혜도 주십니다. 자녀를 키울 때도 마음에 새겨야 할 것이 있습니다. 바로 사람들에게 사랑받고 인정받는 일의

귀중함입니다. 자녀가 어디를 가든지 사랑받는 존재로 성장하도록 도와야 합니다. 그래서 성품이 중요합니다. 사랑스러운 성품을 갖도록 기도해야 합니다.

사명을 감당하라고 복을 주신다

에스더가 왕비가 되었을 때 페르시아에 살고 있던 유다인들에게 큰 위기가 찾아왔습니다. 모든 유다인이 멸절될 상황에 놓인 것입니다. 아말렉 족속의 후손인 하만은 아하수에로왕의 총애를 입어 페르시아의 총리가 되었습니다. 하만의 위세는 대단했습니다. 그가 지나갈 때마다 모든 백성이 무릎을 꿇고 땅에 엎드렸습니다. 그런데 유다인 모르드개는 아말렉 후손인 하만에게 엎드려 절하지 않았습니다. 이에 하만이 분노했습니다. 하만은 모르드개를 비롯한 모든 유다인을 도륙하려는 계획을 세웠습니다. 페르시아 전역에 흩어져 살고 있는 유다인들과 그들의 재산을 완전히 도륙하겠다는 악한 계획입니다(에 3:12-13).

하만의 계략에 의해 왕의 도장이 찍힌 조서가 페르시아 전역에 전달되었습니다. 이 소식을 전달받은 모르드개는 대성통곡합니다. 모르드개는 궁궐로 들어가려고 하지만 궁궐을 지키는 자들에게 제지당했습니다. 수산성에 살고 있던 많은 유다인들은 대성통곡합니다.

> 에 4:3 왕의 명령과 조서가 각 지방에 이르매 유다인이 크게 애통하
> 여 금식하며 울며 부르짖고 굵은 베 옷을 입고 재에 누운 자가 무수
> 하더라

모르드개가 에스더에게 연락합니다. 우리 민족이 죽게 되었
으니 왕에게 나아가서 우리를 구원하라고 말합니다. 그때 에
스더가 왕이 부르지 않은 지 30일이나 되어 곤란하다고 했습
니다. 페르시아에는 왕이 부르지 않았는데도 나아가면 죽게
되는 법이 있었습니다. 다만 왕이 금규를 내밀면 삽니다. 그때
모르드개가 에스더에게 이렇게 말합니다.

> 에 4:13-14 13 모르드개가 그를 시켜 에스더에게 회답하되 너는 왕
> 궁에 있으니 모든 유다인 중에 홀로 목숨을 건지리라 생각하지 말
> 라 14 이때에 네가 만일 잠잠하여 말이 없으면 유다인은 다른 데로
> 말미암아 놓임과 구원을 얻으려니와 너와 네 아버지 집은 멸망하리
> 라 네가 왕후의 자리를 얻은 것이 이때를 위함이 아닌지 누가 알겠
> 느냐 하니

에스더의 사명이 무엇인지 알겠습니까? 바로 민족을 구하
는 사명입니다. 하나님은 우리에게 사명을 완수하라고 복을

주셨습니다. 에스더는 모르드개의 말을 전해 듣고 생명을 건 금식기도를 드립니다.

> 에 4:15-16 15 에스더가 모르드개에게 회답하여 이르되 16 당신은 가서 수산에 있는 유다인을 다 모으고 나를 위하여 금식하되 밤낮 삼일을 먹지도 말고 마시지도 마소서 나도 나의 시녀와 더불어 이렇게 금식한 후에 규례를 어기고 왕에게 나아가리니 죽으면 죽으리이다 하니라

굉장한 결단입니다. "죽으면 죽으리이다" 고백하고 있습니다. 에스더의 마음이 어떠했을까요? 그녀는 두려웠지만 용기를 냅니다. 용기란 두려움이 없는 상태가 아닙니다. 두려움 가운데서도 하나님을 선택하는 것이 용기입니다.

에스더 한 사람이 목숨을 건 금식기도를 결정하자 많은 사람이 동참합니다. 큰 파장을 일으키게 된 것입니다. 그래서 수산에 있는 모든 유다인은 물론 에스더와 그의 시녀들까지 금식합니다. 에스더의 생명을 건 금식기도를 통해 앞으로 역전이 일어날 것입니다. 모든 유다인이 죽음의 위기에서 구원받고, 오히려 유다인들을 몰살시키려 했던 하만과 그의 가족이 멸절당할 것입니다.

기도와 더불어 문제를 직면해야 한다

우리가 금식하며 기도할 때 하나님이 복을 주십니다. 하나님은 에스더에게 용기를 주셨습니다.

> 에 5:1-2   1 제삼일에 에스더가 왕후의 예복을 입고 왕궁 안 뜰 곧 어전 맞은편에 서니 왕이 어전에서 전 문을 대하여 왕좌에 앉았다가 2 왕후 에스더가 뜰에 선 것을 본즉 매우 사랑스러우므로 손에 잡았던 금 규를 그에게 내미니 에스더가 가까이 가서 금 규 끝을 만진지라

에스더는 3일 동안 금식하고 왕에게 나아갈 용기를 얻었습니다. 에스더가 기도하는 동안에 하나님이 왕의 마음을 부드럽게 만드셨습니다. 하나님은 사람의 마음도, 왕의 마음도 부드럽게 만드십니다. 하나님은 사람의 마음을 움직이십니다. 왕이 에스더에게 이렇게 말합니다.

> 에 5:3   왕이 이르되 왕후 에스더여 그대의 소원이 무엇이며 요구가 무엇이냐 나라의 절반이라도 그대에게 주겠노라 하니

에스더가 얼마나 사랑스러워 보였으면 나라의 절반까지 주겠다고 말하겠습니까? 정말 놀랍습니다. 우리는 문제를 만나면 직면해야 합니다. 두려울 때일수록 직면할 수 있는 용기가

필요합니다. 에스더는 문제를 회피하지 않았습니다. 에스더는 책임을 지기 위해서 직접 문제 속에 뛰어들었습니다. 하나님이 그런 에스더에게 평강을 주셨습니다.

많은 사람이 문제를 두려워하고 회피합니다. 책임지지 않으려고 합니다. 사람들은 역경을 만나면 빨리 벗어나려고 합니다. 그런데 여기서 많이 넘어집니다. 조급하면 반드시 실수합니다. 어려움을 당했을 때 너무 일찍 그 문제를 해결하려고 하지 마십시오. 하나님이 고난을 겪게 하시는 것은 뜻이 있기 때문입니다. 문제를 통해 우리에게 주시고자 하는 메시지가 있습니다. 너무 성급하면 안 됩니다. 에스더는 지혜롭습니다. 왕이 소원을 들어준다고 말하지만, 그녀는 바로 소원을 말하지 않았습니다. 에스더는 적당한 때를 분별하고 기다립니다.

> 에 5:4 에스더가 이르되 오늘 내가 왕을 위하여 잔치를 베풀었사오니 왕이 좋게 여기시거든 하만과 함께 오소서 하니

왕과 하만은 에스더의 잔치에 참여합니다. 에스더의 마음에는 깊은 평안이 있습니다. 에스더가 베푼 잔치에서 왕이 소원을 들어준다는데도 에스더는 왕에게 내일 한 번만 더 잔치에 나와 달라고 부탁합니다(에 5:8). 에스더는 문제를 더 극적으로 해결하기 위해 박자를 늦추고 있습니다.

금식기도는 닫힌 문도 다시 연다

그날 밤에 두 가지 사건이 일어납니다. 첫 번째 사건은 하만에게 일어납니다. 하만은 에스더의 잔치를 즐기고 돌아가는 길에 모르드개를 마주치고 기분이 상합니다. 그는 가족 및 친구들과 상의한 끝에, 모르드개를 처단하기 위해 50규빗 높이의 나무 장대를 준비합니다.

두 번째 사건은 왕에게 일어납니다. 그날 밤, 아하수에로왕은 웬일인지 잠을 이루지 못하고 뒤척이다가 평소 읽지 않던 '궁중 일기'를 가져오게 합니다. 왕이 무심코 읽기 시작한 기록에는 과거 두 내시의 역모 사건이 적혀 있었습니다. 당시 모르드개의 제보 덕분에 왕이 목숨을 건졌으나, 정작 공을 세운 그에게 아무런 보상도 내리지 않았다는 사실을 뒤늦게 발견했습니다. 왕은 자신의 생명을 구한 은인에게 상을 주지 않았다는 사실에 크게 놀라며 마음을 쓰기 시작합니다. 그래서 그 밤에 사람을 불렀습니다.

에 6:4-5 4 왕이 이르되 누가 뜰에 있느냐 하매 마침 하만이 자기가 세운 나무에 모르드개 달기를 왕께 구하고자 하여 왕궁 바깥뜰에 이른지라 5 측근 신하들이 아뢰되 하만이 뜰에 섰나이다 하니 왕이 이르되 들어오게 하라 하니 마침 하만이 모르드개를 죽이기 위해서 장대를 준비해 놓고 왕의 재가를 얻기 위해 기다리고 있었습니다. 왕은 하만을 들어오게 하고 왕이 존귀하게 해주고 싶은 사람에게 어떻게 하면 좋을지 묻습니다. 하만은 왕이 자신을 높이기 위해 그러는 줄 알고 너무 좋아합니다.

에 6:8-9 8 왕께서 입으시는 왕복과 왕께서 타시는 말과 머리에 쓰시는 왕관을 가져다가 9 그 왕복과 말을 왕의 신하 중 가장 존귀한 자의 손에 맡겨서 왕이 존귀하게 하시기를 원하시는 사람에게 옷을 입히고 말을 태워서 성 중 거리로 다니며 그 앞에서 반포하여 이르기를 왕이 존귀하게 하기를 원하시는 사람에게는 이같이 할 것이라 하게 하소서 하니라

하만이 말을 마치자 왕이 유다 사람 모르드개를 데려다가 이같이 하라고 명을 내립니다. 이야기가 반전되기 시작합니다. 우리가 기도하면 하나님은 우리를 위해 놀라운 일을 준비하십니다. 우리가 기다리는 이유는 하나님이 일하실 시간을 드리기 위해서입니다. 하나님께 기도했다면 기도에 응답하실 시간을 드려야 합니다.

신학대학원에 다니던 시절, 삶은 한 치 앞도 보이지 않는 골목 안으로 깊숙이 들어가 있었습니다. IMF 사태는 숫자로만 남은 사건이 아니라, 우리의 식탁과 월세 고지서, 그리고 상처

가 마음 깊은 곳까지 파고든 현실이었습니다. 광명시 소하동에서 사모가 운영하던 약국은 날이 갈수록 버거워졌고, 결국 월세조차 내지 못하는 상황에 이르렀습니다. 건물주의 재촉은 삶의 무게를 더욱 버겁게 만들었습니다. 더 이상 버틸 여력이 없었을 때 사모와 공원 의자에 앉아 함께 하나님께 기도하기로 결단했습니다. 그리고 시간과 장소를 정해 매일 하나님 앞에 엎드려 기도했습니다. 기도를 시작했음에도 답답한 일은 계속되었고, 경제적인 압박도 점점 심해졌습니다. 그래서 사모와 금식하기로 작정하고 일주일 금식에 들어갔습니다.

"하나님, 길이 보이지 않습니다. 어떻게 해야 합니까?"

금식기도가 끝나고 며칠 후 사모가 하나님의 음성을 들었습니다.

"여기가 아니다. 이곳에서 옮겨라."

짧고 단순한 말씀이었지만, 그 한마디는 상황을 더 복잡하게 만들었습니다. 옮기라는 말씀은 들었지만, 어디로 가야 하는지는 알려 주지 않으셨기 때문입니다. 그래서 다시 어디로 가야 하는지 물으며 기도했습니다. 그러나 하나님은 방향표를 주시는 대신 한 걸음씩 내딛게 하셨습니다. 학교 수업이 없는 어느 날 사모에게 기도 부탁을 하고 혼자 길을 나섰습니다. 마음에 떠오른 곳은 시흥시 신천동이었습니다. 이유를 설명할 수 없었습니다. 다만 그곳으로 '가 보자'는 마음이 들었습니다. 전철을 타고, 다시 버스를 갈아탔습니다.

사모와 기도하며 약국 이전에 앞서 세 가지 기준을 세웠습니다. 보증금 500만 원, 월세 25만 원, 그리고 버스 정류장 앞이어야 한다는 것입니다. 현실적으로 보면 무모한 조건이었습니다. 그러나 그것은 계산이 아니라 기도하면서 세운 기준이었습니다.

　신천동에 도착해 몇 군데 부동산 문을 두드렸습니다.

　"혹시 약국 할 만한 자리 있나요?"

　돌아오는 대답은 늘 한결같았습니다.

　"없어요."

　그 말을 들을 때마다 가슴 한쪽이 푹 꺼지는 느낌이었습니다. 하지만 발걸음을 멈출 수는 없었습니다. 또 다른 부동산의 문을 열었습니다. 그 안에는 동네 아저씨 몇 분이 담배 연기 자욱한 가운데 화투를 치고 있었습니다.

　"이 동네에 약국 할 만한 상가가 있을까요?"

　사람들은 나를 쳐다보지도 않고 말했습니다.

　"없어요."

　나는 5시간 이상을 걸어 다녔기에 피곤하기도 해서 그대로 소파에 앉아 있었습니다. 설명할 수는 없지만, 그 자리를 떠나면 안 될 것 같았습니다. 15분쯤 지났을 때 화투를 치던 아저씨 한 분이 고개를 들고 말했습니다.

　"안산은 어때요?"

　"안산이요? 안산은 아닌 것 같은데요."

내 대답에도 불구하고 그분은 한 치의 망설임도 없이 바로 전화를 걸었습니다. 얼마 지나지 않아 상가 주인이 직접 차를 몰고 부동산으로 왔고, 나는 그 차에 올라타 안산시 선부동으로 갔습니다. 상가를 보는 순간 깜짝 놀랐습니다. 그 상가는 우리가 기도하며 기준을 세웠던 조건과 거의 일치했기 때문입니다. 보증금 500만 원, 월세 26만 원, 그리고 버스 정류장 바로 앞이었습니다.

"내일 아내와 함께 와서 계약하겠습니다."

다음 날, 사모와 함께 다시 안산을 찾았습니다. 사모 역시 그 자리를 보자마자 마음에 들어 했습니다. 계약서를 작성하기 위해 부동산으로 들어갔는데, 사장님이 이미 다른 분이 그 상가를 계약해 버렸다고 했습니다. 순간, 마음이 무너졌습니다. 그 부동산에서는 다른 상가들을 보여 주었지만, 마음이 조금도 움직이지 않았습니다. 사모와 나는 부동산 한쪽에 조용히 앉아 있었습니다. 15분 정도 흘렀습니다. 그때 갑자기 상가 주인이 부동산 안으로 들어왔습니다.

나는 상가 주인에게 따지듯이 물었습니다.

"사장님, 내가 오늘 와서 계약한다고 말씀드렸는데 왜 다른 사람과 계약하셨나요?"

상가 주인은 여러 이유를 대며 말을 이어가다가 갑자기 이렇게 말했습니다.

"제가 손해를 보더라도 그 계약을 해지하고, 당신과 계약하겠습니다."

그날 우리는 계약서를 작성했고 그곳에서 약국을 시작하게 되었습니다. 상가는 작았습니다. 그러나 하나님은 그 작은 공간을 통해 우리 삶을 다시 세우셨습니다. 우리 가족은 그 자리에서 다시 숨을 쉬며 살아갈 수 있었습니다. 금식기도는 닫혔던 문도 여는 능력임을 다시 실감했습니다.

역전의 은혜를 주신다

다급한 문제를 만나면 조급해지기에 서두르게 됩니다. 그러나 서두르면 안 됩니다. 너무 느려도 안 됩니다. 중요한 것은 타이밍입니다. 에스더가 문제를 어떻게 해결해 나갔나요? 두 번째 잔치 때까지 할 말을 미루었습니다. 서두르지 않았습니다. 그렇다고 긴장을 늦추지도 않았습니다. 타이밍에 맞게 일을 진행했습니다.

결국 에스더는 두 번째 잔치에 왕에게 자신의 민족에게 불어닥친 고난을 이야기합니다. 유다인을 한 명도 남김없이 도륙하려고 한 하만의 계획을 이야기합니다. 에스더의 말을 들은 왕이 크게 진노하여 모르드개를 죽이려고 준비했던 그 장대에 하만을 매달게 합니다. 그리고 하만의 집을 에스더에게 주고 모르드개에게는 하만을 대신해서 페르시아의 총리로 삼고 하만이 관리하던 모든 것을 대신 관리하게 했습니다 (에 8:1-2). 역전이 일어난 것입니다.

그런데 아직 해결되지 않은 것이 있습니다. 유다인을 도륙해도 좋다는 왕의 조서입니다. 에스더는 다시 왕께 나아가 그 조서를 철회해 달라고 부탁합니다(에 8:3). 에스더는 일을 지혜롭게 마무리했습니다. 지혜로운 사람은 마무리를 잘합니다.

에스더도 모르드개도 하나님의 은혜로 높아졌습니다(에 8:15). 위기 때 금식하며 기도했던 에스더와 모르드개는 하나님의 은혜를 경험했습니다. 하나님은 역전의 은혜를 주십니다. 기도를 멈추지 마십시오. 반드시 기적이 일어납니다.

Q 금식기도를 하고 싶은데, 투병 중이어서 식사를 거르면 안 되는 상황입니다. 이런 사람은 금식기도를 할 수 없나요?

A 금식기도는 음식을 완전히 끊는 것만을 의미하지는 않습니다. 하나님은 우리의 몸 상태와 형편을 아시기 때문에 식사를 해야 하는 경우 억지로 금식을 요구하시지 않습니다.

성경에서 금식의 본질은 굶는 행위 자체가 아니라 하나님께 마음을 집중하는 것입니다. 투병 중이라면 식사는 하되 다른 것을 절제하는 방식으로 금식할 수 있습니다.

예를 들면, 좋아하는 음식을 절제하거나, 유튜브 시청이나 SNS 활동을 중지하고 그 시간을 기도로 드리는 것도 하나님 앞에서는 의미 있는 금식이 됩니다. 하나님은 우리의 건강을 해치는 금식보다 마음을 드리는 기도를 더 기뻐하십니다.

끈질긴 기도

: 포기하지 않으면 기적이 일어난다

끈질긴 기도는 하나님을 설득하거나
떼쓰는 것이 아니라 내 믿음을
끝까지 붙드는 훈련이다.

우리는 살아가며 수없이 낙심할 이유를 만납니다. 기도해도 바뀌지 않는 현실 때문에 답답하고 우울할 때가 많습니다. 그러나 우리가 알아야 할 것이 있습니다. 기도의 실패는 응답이 없는 날이 아니라 기도를 멈춘 날부터 시작된다는 사실입니다. 하나님이 침묵하시는 것처럼 보이는 시간은 기도를 멈추라는 신호가 아니라 더 강력하게 하라는 사인입니다.

하나님 나라에서 가장 강력한 능력 기도는 끈질긴 기도입니다. 끈질긴 기도는 마귀의 견고한 진을 무너뜨리고, 영적 전쟁에서 승리케 합니다. 하나님은 끈질긴 사람을 좋아하십니다. 끈질긴 사람을 선택하시고 그 사람을 통해 새로운 역사를 이루어 가십니다.

끈질긴 기도로 마침내 승리를 이룬다

끈질겨야 꿈을 성취할 수 있습니다. 물은 99℃가 아닌 100℃에서 끓습니다. 1℃만 모자라도 임계점에 이르지 못해 수증기가 되지 않습니다. 임계점에 이르기 위해서는 끈기가 필요합니다.

성경에서 가장 끈질긴 사람 하면 야곱이 떠오릅니다. 야곱은 그의 외삼촌 라반의 집에서 아버지 집으로 돌아오는 도중 얍복강 나루터에서 하나님의 천사와 씨름합니다. 그는 자신을 축복해 달라고 강청합니다.

야곱은 천사를 붙잡고 놓아주지 않았습니다. 천사가 야곱의 허벅지 관절을 치자 그의 관절이 어긋났습니다. 그럼에도 야곱은 놓아주지 않습니다. 천사가 말합니다.

"날이 새려 하니 나를 가게 해라."

"당신이 나를 축복하지 않으면 가실 수 없습니다."

"네 이름이 무엇이냐?"

"야곱입니다."

"이제는 네 이름을 이스라엘이라 부르겠다."

천사는 야곱을 축복해 줍니다(창 32:24-29). 야곱은 정말 끈질긴 사람입니다. 그래서 하나님께 쓰임을 받았습니다.

다니엘도 끈질긴 사람입니다. 다니엘은 마음으로 결단한 다음에 하루 세 번씩 하나님 앞에 기도했습니다. 다니엘서 10장에 보면 다니엘이 21일 동안 하나님께 기도합니다. 그것도 금식하며 끈질기게 기도합니다.

단 10:1-3 1 바사 왕 고레스 제삼년에 한 일이 벨드사살이라 이름한 다니엘에게 나타났는데 그 일이 참되니 곧 큰 전쟁에 관한 것이라 다니엘이 그 일을 분명히 알았고 그 환상을 깨달으니라 2 그때에 나 다니엘이 세 이레 동안을 슬퍼하며 3 세 이레가 차기까지 좋은 떡을 먹지 아니하며 고기와 포도주를 입에 대지 아니하며 또 기름을 바르지 아니하니라 세 이레는 21일을 의미합니다. 다니엘은 세 이레가 차기까지 금식하며 기도했습니다. 그때 환상을 봅니다.

> 단 10:4-6 ⁴ 첫째 달 이십사일에 내가 힛데겔이라 하는 큰 강 가에 있었는데 ⁵ 그때에 내가 눈을 들어 바라본즉 한 사람이 세마포 옷을 입었고 허리에는 우바스 순금 띠를 띠었더라 ⁶ 또 그의 몸은 황옥 같고 그의 얼굴은 번갯빛 같고 그의 눈은 횃불 같고 그의 팔과 발은 빛난 놋과 같고 그의 말소리는 무리의 소리와 같더라

이 놀라운 환상에 나오는 사람이 누구인지 알 수 없습니다. 다니엘과 함께 있었던 사람들은 감히 그 환상을 보지 못하고 크게 떨며 도망하여 숨었습니다(단 10:7). 보여 준다고 다 보는 것이 아닙니다. 오직 끈질기게 기도했던 다니엘만 그 환상을 보았습니다.

> 단 10:8-9 ⁸ 그러므로 나만 홀로 있어서 이 큰 환상을 볼 때에 내 몸에 힘이 빠졌고 나의 아름다운 빛이 변하여 썩은 듯하였고 나의 힘이 다 없어졌으나 ⁹ 내가 그의 음성을 들었는데 그의 음성을 들을 때에 내가 얼굴을 땅에 대고 깊이 잠들었느니라

끈질기게 기도하면 보고 듣게 됩니다. 하나님은 끈질기게 기도하는 사람들에게 환상과 미래에 일어날 일들을 보여 주십

니다. 끈질기게 기도하는 사람이 승리합니다.

우리는 너무 짧게 기도합니다. 기도 응답이 임하기 전에 일어납니다. 끈기를 가지고 더 길게 기도해야 합니다. 끈질김은 결단에서 나옵니다. 뜻을 정하는 데서 옵니다. 기도하다가 응답이 더디 임한다고 낙심하거나 포기해서는 안 됩니다. 기다리고 또 기다릴 줄 알아야 합니다. 하나님께 기도할 때는 끈질기게 기다려야 한다는 말입니다. 끈질긴 사람을 이길 수 없습니다.

부르짖어 기도함이 축복이다

마가복음 7장에 등장하는 수로보니게 여인에게는 귀신 들려 고통받는 어린 딸이 있었습니다. 여인은 예수님에 대한 소문을 들었고, 마침 예수님이 자신이 사는 지역에 오셨다는 소식을 접합니다. 소식을 듣자마자 그녀는 예수님을 찾아와 딸을 고쳐 달라고 간구했습니다. 예수님은 자녀의 떡을 취하여 개들에게 던짐이 마땅치 않다고 하시면서 여인의 청을 거절했습니다. 그럼에도 여인은 포기하지 않고 끝까지 예수님께 도와 달라고 매달립니다.

"옳습니다. 그러나 개들도 주인의 상에서 떨어지는 부스러기를 먹습니다. 저에게 부스러기 은혜라도 베풀어 주십시오."

그때 예수님이 여인의 믿음을 보시고 딸을 고쳐 주십니다.

78

기도도 이런 믿음으로 해야 합니다. 끈질긴 기도가 승리하게 합니다. 매일 시간과 장소를 정하고 끈질기게 기도하면 영적 전쟁에서 승리하고 마침내 하늘의 문이 열립니다.

말콤 그래드웰은 그의 책《아웃라이어》에서 1만 시간의 법칙을 이야기했습니다. 어떤 일을 하든지 그 일에 통달하기 위해서는 1만 시간을 투자해서 훈련을 쌓으라고 했습니다. 그때 큰 성취를 이룰 수 있다는 것입니다.

다니엘은 평생 하루 세 번씩 기도했습니다. 그는 기도의 달인이 되었습니다. 다니엘이 기도하면 사람이, 천사가, 하늘 보좌가 움직였습니다. 기도는 끈질기게 하는 것입니다. 하루 날 잡아 목청이 터져라 기도하고 한 달 쉬어 버리는 기도가 아니라 매일매일 성전에 나아와 하나님께 부르짖는 기도가 응답받는 기도입니다.

우리는 하나님께 부르짖을 수밖에 없는 시대에 살고 있습니다. 한 치 앞도 알 수 없는 어려운 시대입니다. 그렇게 잘나가던 사람도 하루아침에 무너져 버립니다. 마귀는 우리를 무너뜨리기 위해 한시도 쉬지 않습니다. 마귀의 유혹과 시험으로부터 자신을 지키기 위해 더 깨어 있어야 합니다. 우리는 매일 매 순간 하나님께 기도해야 합니다. 그래야 내 영혼뿐만 아니라 배우자와 자녀들을 지킬 수 있습니다.

하나님이 우리를 기도자로 부르셨습니다. 그런데 우리는 끈질기게 부르짖어 기도하는 일이 없기를 소망하고 꿈꿉니다.

그것이 복이라고 생각합니다. 그런데 전혀 그렇지 않습니다. 우리는 연약한 존재이기 때문에 부르짖어야 살 수 있습니다. 끈질기게 부르짖을 수 있는 것이 복입니다.

끈질긴 기도는 믿음으로 나아가는 기도다

믿음은 하나님을 신뢰하고 확신하는 것입니다. 믿음이 있는 사람은 어떤 상황에서도 포기하지 않고 끈질기게 기도합니다.

> 눅 18:1-5 1 예수께서 그들에게 항상 기도하고 낙심하지 말아야 할 것을 비유로 말씀하여 2 이르시되 어떤 도시에 하나님을 두려워하지 않고 사람을 무시하는 한 재판장이 있는데 3 그 도시에 한 과부가 있어 자주 그에게 가서 내 원수에 대한 나의 원한을 풀어 주소서 하되 4 그가 얼마 동안 듣지 아니하다가 후에 속으로 생각하되 내가 하나님을 두려워하지 않고 사람을 무시하나 5 이 과부가 나를 번거롭게 하니 내가 그 원한을 풀어 주리라 그렇지 않으면 늘 와서 나를 괴롭게 하리라 하였느니라

누가복음 18장에 나오는 과부에게는 원한이 있었습니다. 과부는 직접 원한을 풀지 않고 재판장에게 나아갔습니다. 우리는 문제를 해결해 줄 수 있는 분께 나아가야 합니다. 아무에게

나 찾아가서 구한다고 문제가 해결되는 것이 아닙니다. 과부는 자신의 문제를 능히 해결해 줄 수 있는 재판장에게 나아가 한 맺힌 사연을 말했습니다. 불의한 재판장은 처음에는 거들떠보지 않았습니다. 그러나 매일 찾아와 원통함을 풀어 달라고 요청하는 과부의 원한을 풀어 주지 않으면 끝까지 괴롭힘을 당할 것 같았습니다. 그래서 과부의 원한을 풀어 주었습니다.

끈질기게 기도하기 위해 필요한 것이 믿음입니다. 우리는 기도하면서 동시에 여러 방향을 바라봅니다. 입술은 기도하지만 마음은 두려움과 염려와 근심 사이를 떠돕니다. 집중하는 기도는 말의 양이 아니라 마음의 밀도로 하나님께 나아가는 것입니다. 기도는 설명이 길어질수록 약해지지만, 중심이 모일수록 깊고 뜨거워집니다.

기도할 때 중요한 것은 '내가 무엇을 원하는지' 분명히 알아야 한다는 것입니다. 원하는 것을 정확히 알 때 기도가 더 강렬해집니다. 기도가 강렬해질수록 더 빨리 응답됩니다.

원한 맺힌 과부는 재판장이 언젠가는 자기의 문제를 해결해 줄 것이라는 믿음이 있었습니다. 끈질기게 기도하기 위해서는 믿음이 필요합니다. 하나님이 능히 문제를 해결하심을 믿고 기도할 때 그분이 역사하실 것을 확신해야 합니다. 믿음의 기도는 역사하는 힘이 큽니다.

막 11:24 그러므로 내가 너희에게 말하노니 무엇이든지 기도하고 구

하는 것은 받은 줄로 믿으라 그리하면 너희에게 그대로 되리라

마태복음 8장에 보면, 한 백부장이 예수님 앞에 나아와 자신의 하인이 중풍으로 고통을 겪고 있다고 말합니다. 그때 예수님이 "내가 가서 고쳐 주리라" 말씀하십니다. 그때 백부장이 이렇게 말합니다.

마 8:8-9 8 백부장이 대답하여 이르되 주여 내 집에 들어오심을 나는 감당하지 못하겠사오니 다만 말씀으로만 하옵소서 그러면 내 하인이 낫겠사옵나이다 9 나도 남의 수하에 있는 사람이요 내 아래에도 군사가 있으니 이더러 가라 하면 가고 저더러 오라 하면 오고 내 종더러 이것을 하라 하면 하나이다

예수님이 백부장의 믿음을 보시고 크게 감동하셨습니다. 그래서 "가라 네 믿은 대로 될지어다"(마 8:13) 하셨고. 그 즉시 하인이 나았습니다. 기도자에게 가장 중요한 것은 믿음입니다. 하나님이 반드시 내 기도를 들어주신다는 믿음이 중요합니다.

끈질긴 기도는 낙심하지 않는 기도다

기도할 때 가장 큰 방해물은 낙심입니다. 예수님은 이것을

너무 잘 아셨습니다. 앞에 나온 불의한 재판장과 과부의 비유를 보십시오. 이 둘은 아주 대조적인 인물입니다. 원한 맺힌 과부는 재판장이 불의하다는 사실을 알고도 계속 한을 풀어 달라고 요청했습니다. 거들떠보지도 않는 재판장에게 매일 찾아 갔습니다. 이 비유를 통해서 예수님은 우리에게 기도하다가 낙심하지 말라고 가르치십니다. 기도했는데 응답이 안 된다고 쉽게 포기하지 말라는 것입니다. 믿음은 포기하지 않고 구하는 것입니다. 불의한 재판장도 끈질긴 과부의 요구에 두 손을 들지 않았습니까. 하물며 참으로 좋으신 하나님, 우리의 기도에 응답하시는 하나님이십니다.

눅 18:6-8 6 주께서 또 이르시되 불의한 재판장이 말한 것을 들으라 7 하물며 하나님께서 그 밤낮 부르짖는 택하신 자들의 원한을 풀어 주지 아니하시겠느냐 그들에게 오래 참으시겠느냐 8 내가 너희에게 이르노니 속히 그 원한을 풀어 주시리라 그러나 인자가 올 때에 세상에서 믿음을 보겠느냐 하시니라

전라북도 완주에 사는 차사순 할머니는 69세에 2종 보통면허를 취득했습니다. 이분이 운전면허를 따겠다고 학원 다닐 때 나이가 66세였습니다. 면허 시험에 떨어진 것만 959번입니다. 주말과 국경일을 빼고는 거의 매일 3년 동안 시험을 보고 또 봤습니다. 그리고 마침내 960번째 합격했습니다. 이분이

낸 시험 응시료가 500만 원이나 됩니다. 완주에서 전주 시내까지 버스비와 점심값으로 들어간 돈이 2,000만 원입니다. 그런데 포기하지 않고 끈질기게 도전했고 드디어 2010년에 면허를 취득했습니다. 이분의 열정은 <뉴욕 타임즈>에도 소개가 되었고, 현대기아차에서도 감동받아 원하는 자동차를 주겠다고 했습니다. 뭔가를 끈질기게 도전하면 주변 사람들도 감동받아 도와줍니다.

끈질긴 기도는 위기를 기회로 바꾸는 능력이 있습니다. 기도할 수 있다면 아직 낙심할 때가 아닙니다. 기도할 수 있다면 절망할 때가 아닙니다. 기도할 수 있다면 희망이 있습니다. 전능하신 하나님은 우리의 원한을 풀어 주시고, 우리의 눈물을 씻어 주십니다. 슬픔이 변하여 춤이 되게 하십니다.

끈질긴 기도는 문제를 놓고 집중하는 기도다

끈질긴 기도의 특징은 자주 그리고 집중한다는 것입니다. 원한 맺힌 과부도 '자주' 재판장을 찾아갔습니다. 자주 한다는 것은 집중한다는 것입니다. 집중해서 그 문제를 위해 기도하는 것입니다.

혹시 한 가지 제목을 가지고 밤이고 낮이고 집중해서 기도해 본 적이 있습니까? 그렇게 기도해 보십시오. 반드시 역사가 일어납니다. 집중하는 기도는 선택과 결단이 필요합니다. 인생 승리의 비결은 선택과 집중에 달려 있습니다. '결정한 다'(decide)는 말의 어원은 라틴어 'decidere'입니다. 이는 '떼어 내다'(de-) '자르다'(cidere)라는 뜻으로서, 단 하나의 선택을 남겨 두고 나머지 대안들을 가지치기 하듯 잘라 내는 것입니다. 많은 것을 얻으려고 하지 말고 한 가지에 집중하기 바랍니다. 모든 것을 잘할 수 없습니다. 그러나 한 가지에 집중하면 역사가 일어납니다.

기도는 생각과도 같습니다. 한 번의 생각은 별 힘이 없습니다. 그러나 생각이 반복되면 에너지가 됩니다. 그 생각이 한데 모이면 거대한 힘이 되어 생각이 현실이 됩니다. 한 번의 기도는 힘이 없을지 모릅니다. 그러나 집중하고 반복해서 기도하면 놀라운 능력이 나타납니다. 하나님은 집중하는 기도에 속히 응답하십니다(눅 18:8). 기도가 강렬해질수록 응답도 빨라진다는 뜻입니다.

기도할 때는 의심해서는 안 됩니다. 의심하면 집중하지 못합니다. 의심하면 생각도 마음도 분산됩니다. 의심하는 사람은 얻을 것이 없습니다. 바람에 나는 겨와 같고 바다의 물결 같은 인생이 되고 맙니다(약 1:6-8).

끈질긴 기도는 끝까지 포기하지 않는 기도다

저는 한 분야에서 최고의 경지에 이른 사람들의 이야기를 많이 읽습니다. 그들에게 공통점이 있다면 어떤 고난과 역경이 닥쳐온다 하더라도 쉽게 포기하지 않는 것입니다.

요셉에게 가장 어려웠던 시기는 애굽의 총리가 되기 직전 2년이었습니다. 그는 감옥에 갇혀 잊힌 존재로 살아야 했습니다. 삶의 이유도, 꿈도 소망도 없었습니다. 그러나 그는 포기하지 않았습니다. 하나님을 의지하고 기도했습니다.

아브라함에게 가장 어두운 시절은 이삭을 낳기 직전이었을 것입니다. 자신에게는 더 이상 자녀를 생산할 능력이 없고, 사라도 경수가 끊긴 상태였습니다. 그 어두움의 순간에 하나님의 천사가 아브라함을 찾아왔습니다. 바랄 수 없는 중에도 바라고 있는 아브라함에게 찾아오셔서 아들을 주셨습니다. '이삭'의 뜻처럼 그 가정에 웃음을 주셨습니다.

예수님이 세상에 오시기 직전 400년이 이스라엘에게는 가장 암울한 시기였습니다. 400년의 긴 침묵이 지났을 때 예수님이 빛으로 오셨습니다. 아무리 어려워도 포기하지 않고 기도하면 반드시 기적이 일어납니다. 하나님이 역사하십니다.

엘리야는 3년 6개월 동안 메마른 땅에 비를 내려 달라고 기도했습니다. 그는 갈멜산 꼭대기에 올라가서 머리를 무릎 속에 파묻고 간절히 기도했습니다. 그는 한참을 기도하고 종을 보냅니다. 바다 쪽을 바라보고 비가 올 징조가 보이는지 보고 오라는 것입니다. 그런데 종은 비가 올 징조가 보이지 않는다고 말합니다. 엘리야는 두 번, 세 번을 넘어 일곱 번까지 보냅니다.

엘리야는 포기하지 않고 끈질기게 기도했습니다. 일곱 번째 보냈을 때 종이 말합니다. "저 바다 끝에서 손만한 구름이 올라옵니다." 손만한 구름에서 비가 쏟아지기 시작합니다. 억수같이 쏟아진 비가 오랫동안 메말라 있던 땅을 적시며 가뭄을 말끔히 해갈했습니다.

끈질긴 기도를 드리기 위해서는 이처럼 집중하는 능력이 있어야 합니다. 소원도 갈망도 없는 것이 진짜 위기입니다. 하나님을 향한 뜨거운 갈망이 있어야 합니다.

아들이 대학수학능력시험을 보던 해였습니다. 시험을 앞두고 갑자기 경주에 큰 지진이 발생하여 일정이 일주일 연기되었습니다. 아들의 페이스가 완전히 무너졌습니다. 결과는 대입 실패였습니다. 아들은 재수를 선택했습니다. 그러나 정시 모집 결과는 전부 불합격이었습니다. 대기 순번을 기다릴 수밖에 없었습니다. 시간은 2월 말로 향해 가고 있었고, 기다리던 합격 소식은 오지 않았습니다. 아들의 눈빛에서 소망이 사라지는 것이 보였습니다. 그때부터 하나님께 집중해서 기도하기 시작했습니다.

"하나님, 아들에게 은혜를 베풀어 주세요. 대학에 들어갈 수 있게 도와 주세요."

사흘 동안 집중해서 기도했습니다. 길을 걸을 때도, 일을 할 때도 내 마음은 하나님께 닿아 있었습니다. 사흘이 되었을 때 평안이 찾아왔습니다. 상황은 변하지 않았지만, 마음에 확신이 생겼습니다.

2월 26일 주일 오후 예배를 마치고 나오는데 아들의 전화가 울렸습니다.

"○○대학교 전자공학과에 합격하였습니다."

우리 눈에는 늦어 보일지라도, 하나님은 언제나 가장 정확한 때에 역사하십니다. 하나님이 닫혔던 문을 열어 주셨습니다. 은혜는 그다음에도 이어졌습니다. 아들은 장학금을 받으며 학교를 다니게 되었습니다.

기도는 환경보다 사람을 먼저 바꿉니다. 오랫동안 기도하다 보면 어느 순간 알게 됩니다. 문제가 먼저 해결되는 것이 아니라 내가 믿음의 사람으로 변화되고 있다는 것을 깨닫게 됩니다. 하나님은 응답을 늦추실 수는 있어도 기도자를 포기하시지는 않습니다. 응답의 지연은 거절이 아닙니다. 나를 준비시키는 시간입니다. 그래서 끈질긴 기도는 인생을 바꾸는 가장 확실한 능력입니다.

Q 끈질기게 기도하다가도 문득 하나님의 뜻이 아닌데
   내 맘대로 고집하는 건 아닌가 하는 생각이 듭니다.
   내가 믿음으로 붙들고 있는지, 아니면 욕심으로 붙들
   고 있는지 분별할 수 있을까요?

A 기도를 오래 하다 보면 믿음으로 기도하고 있는지,

   내가 욕심으로 붙들고 있는지 혼란이 올 때가

   있습니다. 그럴 때는 몇 가지로 분별해 볼 수 있습니다.

   1) 하나님의 말씀과 어긋나지 않는가.

   2) 하나님께 맡길 수 있는 마음이 있는가.

   3) 기도할수록 마음에 평안이 오는가.

   욕심은 조급함과 집착을 낳지만, 하나님께 맡기는

   기도는 기다림 속에서도 평안이 있습니다.

   4) 좋은 기도는 이렇게 할 수 있습니다.

   "주님, 이것이 제 간절한 소원이지만 제 뜻보다

   하나님의 뜻이 이루어지기를 원합니다."

통곡
기도

: 절박함이
하나님의 마음을 흔든다

통곡기도는 체면을 내려놓는 기도이며,
깨어진 심령의 제사다.
하나님은 상한 심령을 받으신다.

인생에는 말로 설명할 수 없는 순간이 찾아옵니다. 설득도, 논리도, 계획도 소용이 없을 때가 있습니다. 내 앞에 길이 끊어져 방향을 잃었을 때입니다. 그때 우리에게 남는 것은 하나님 앞에서 쏟아내는 통곡입니다. 하나님 앞에서 흘리는 눈물은 하나님의 마음을 움직입니다. 하나님은 눈물에 약하십니다. 우리가 눈물로 하나님 앞에 나아가면 긍휼히 여겨 주십니다.

모니카는 아들 어거스틴을 위해서 매일 눈물로 기도했습니다. 어거스틴은 마니교에 빠져 방탕하게 살면서 사생아까지 낳았습니다. 날마다 눈물을 흘리며 기도하는 모니카의 모습을 본 암브로시우스 주교가 이렇게 말했습니다.

"눈물로 기도하며 키운 아들은 결코 망하지 않습니다."

모니카의 눈물의 기도로 어거스틴은 회개하고 하나님께 돌아왔습니다. 그리고 기독교 역사에서 가장 위대한 신학자가 되었습니다. 눈물의 기도는 하나님의 마음을 머물게 합니다.

아이를 낳지 못했던 한나는 하나님 앞에 나아가 통곡하며 서원기도를 올려 드렸습니다. 그 기도가 응답되어 한나는 사무엘을 낳았습니다(삼상 1:10-11). 통곡기도는 언제나 사람을 향한 기도를 멈출 때 시작됩니다. 사람에게 호소하던 입을 닫고, 자기변명과 설명을 내려놓고 하나님 앞에 홀로 서게 될 때 비로소 통곡이 시작됩니다.

눈물의 기도는 고난을 이기게 한다

시 56:8-9   8 나의 유리함을 주께서 계수하셨사오니 나의 눈물을 주의 병에 담으소서 이것이 주의 책에 기록되지 아니하였나이까 9 내가 아뢰는 날에 내 원수들이 물러가리니 이것으로 하나님이 내 편이심을 내가 아나이다

시편 56편은 다윗이 사울의 추격을 피해 블레셋으로 도망갔다가 그곳에서 사로잡힌 후 지은 시입니다. 다윗은 고난 가운데 흘렸던 눈물을 주의 눈물 병에 담아달라고 간구하고 있습니다.

고대 근동 지역에서는 '눈물 병'으로 불리는 작은 병들이 발견되곤 했습니다. 유대인들은 눈물을 성스럽게 여겨 작은 병에 모아 보관하는 풍습이 있었는데, 이때 사용한 것이 눈물 병입니다. 다윗은 하나님이 우리의 눈물을 기억하신다고 노래했습니다. 장례의 눈물과 결혼의 눈물, 슬픔의 눈물과 기도의 눈물은 하나님 앞에서 헛되지 않으며, 모두 기억됩니다. 눈물은 사람의 마음을 움직이는 힘과 능력이 있습니다. 모든 사람은 누군가의 눈물로 삽니다. 부모가 흘린 눈물이 자녀를 하나님의 사람으로 서게 합니다. 아내가 흘린 눈물이 남편을 세우고 자녀들을 세웁니다.

히스기야는 살면서 많은 위기를 만났습니다. 그런데 그때마다 하나님 앞에 눈물로 기도함으로써 위기를 기회로 바꾸었습

니다. 그러던 중에 그는 큰 병에 걸리고 말았습니다.

사람은 병이 들면 무력해집니다. 왕도 죽음 앞에서는 무력
합니다. 그런데 더 고통스러운 것은 하나님이 친히 선지자를
통해 죽음을 선포하신 것입니다. 사람은 건강할 때는 잘 모르
지만, 죽음을 직면하면 생명의 소중함을 알게 됩니다.

하나님은 주를 경외하는 사람들에게 세 가지 복을 약속하셨
습니다.

재물과 영광과 생명입니다. 그런데 이 세 가지 중 가장 중요
한 것이 생명입니다. 재물도, 영광도 사라지지만 생명은 영원
합니다.

《이솝우화》에 황금알을 낳는 거위 이야기가 있습니다. 어느
날 한 농부의 거위가 황금알을 낳았습니다. 농부는 자기 눈을
의심했습니다. 그런데 다음날에도 거위가 황금알을 낳았습니
다. 농부는 그 알을 가지고 감정을 받았습니다. 진짜 황금알이

었습니다. 농부는 하루아침에 부자가 되었습니다. 집을 새로 짓고 호의호식하며 살았습니다. 그러던 어느 날 농부는 호기심이 생겼습니다. 거위 배 속에 얼마나 많은 황금알이 있는지 알고 싶었습니다. 황금에 눈이 어두워진 농부는 거위를 죽여 배를 갈랐습니다. 그런데 배 속에는 아무것도 없었습니다.

이 우화처럼 우리는 황금알을 낳는 거위의 중요성을 알아야 합니다. 황금보다 더 중요한 것은 거위의 생명이었습니다. 거위의 생명에는 황금알을 낳을 수 있는 엄청난 잠재력이 있었습니다. 거위가 살아 있었다면 농부는 계속 황금알을 얻을 수 있었을 것입니다.

히스기야의 생명도 마찬가지입니다. 그런데 그가 병들어 죽게 되었습니다. 그는 하나님께 나아가 통곡하며 기도했습니다.

왕하 20:2-3 2 히스기야가 낯을 벽으로 향하고 여호와께 기도하여 이르되 3 여호와여 구하오니 내가 진실과 전심으로 주 앞에 행하며 주께서 보시기에 선하게 행한 것을 기억하옵소서 하고 히스기야가 심히 통곡하더라

하나님은 눈물에 약하시다

히스기야는 위기를 만났을 때 사람을 보지 않았습니다. 신

하를 찾지도, 의사를 부르지도 않았습니다. 그는 벽을 향해 엎드렸습니다. 벽은 막힌 현실을 상징합니다. 길이 보이지 않는 자리, 인간의 한계가 분명한 자리입니다. 히스기야는 절망하지 않고 그 벽을 하나님을 향한 방향으로 바꾸었습니다.

히스기야는 하나님의 은혜를 구했습니다. 한 나라의 왕임에도 자존심이나 체면을 생각하지 않고 울부짖고 있는 것입니다. 하나님은 눈물의 기도에 약하십니다. 눈물은 영혼이 가장 정직해지는 순간입니다. 통곡기도는 말보다 깊습니다. 말이 닿지 못하는 마음의 골짜기에서 흘러나오는 기도입니다. 눈물의 기도에는 꾸밈이 없습니다. 신앙의 겉포장이 벗겨지고, 하나님 앞에서 영혼이 벌거벗은 채 서게 됩니다.

오랫동안 교회를 떠났던 인도의 한 청년이 눈병으로 심히 고통을 당하다가 병원에 입원했습니다. 눈을 정밀히 검사한 의사가 이렇게 말했습니다.

"눈이 치명적인 독균에 감염되어 안구 전체를 제거하지 않으면 생명이 위험합니다. 내일 즉시 수술해야 합니다."

청년은 절망했습니다. 그날 밤 예수 믿는 친구가 찾아와 하나님께 고쳐 달라고 기도하자고 말했습니다. 그는 친구 손을 잡고 처음으로 교회로 가서 기도를 했습니다. 하나님이 감동을 주셔서 자신의 죄를 보게 되었습니다. 그동안 교회에 가자고 그렇게 열심히 찾아온 친구를 외면했던 교만이 생각났습니다. 그는 완악했던 마음부터 회개했습니다. 기도의 문이 열리기 시작했습니다. 그는 밤새도록 눈물을 흘리며 자신의 죄를 회개했습니다. 그는 울고 또 울었습니다. 얼마나 눈물을 많이 흘렸는지 눈이 퉁퉁 부었습니다. 다음 날 아침 마음이 홀가분해져 가벼운 마음으로 수술대에 올랐는데, 다시 진찰하던 의사가 깜짝 놀랐습니다. 맹렬하게 번졌던 독균이 깨끗이 사라진 것입니다.

낯을 벽으로 향하고 하나님 앞에 심히 통곡하며 기도하는 왕의 모습을 상상해 보십시오. 하나님은 눈물의 기도를 소중히 여기십니다.

히스기야의 기도가 얼마나 강렬했는지, 왕이 죽을 것이라고 하나님의 뜻을 전했던 선지자 이사야가 성읍에 이르기도 전에 하나님의 응답이 임했습니다(왕하 20:4). 하나님은 히스기야의 기도를 들으시고 긍휼을 베푸셨습니다.

> 왕하 20:5 너는 돌아가서 내 백성의 주권자 히스기야에게 이르기를 왕의 조상 다윗의 하나님 여호와의 말씀이 내가 네 기도를 들었고 네 눈물을 보았노라 내가 너를 낫게 하리니 네가 삼 일 만에 여호와의 성전에 올라가겠고

하나님은 기도와 눈물, 결사적인 기도에 약하십니다. 이런 기도에 빠르게 응답하십니다. 이런 기도는 응급차를 부르는 것과 같습니다. 이런 기도에 하나님은 사이렌 소리를 내는

119구급차를 보내십니다.

히스기야가 눈물로 하나님 앞에 기도했을 때 하나님이 속히 응답하셨습니다. 히스기야를 죽을병에서 살리시고, 생명을 15년이나 연장해 주셨습니다.

기도 습관이 위기에 능력을 발휘한다

히스기야가 죽는다는 말을 듣고 어떻게 결사적으로 기도할 수 있었을까요? 히스기야가 이렇게 기도할 수 있었던 것은 평소에 기도하는 습관이 있었기 때문입니다.

우리는 히스기야를 보면서 '나도 죽을병에 걸리면 기도할 수 있을 거야'라고 생각할 수 있습니다. 그러나 평소에 기도하지 않는 사람은 위기 때에도 기도하지 못합니다. 좋다는 병원, 용하다는 의사를 찾으려고 수소문하기 바쁩니다. 그래서 평소에 기도하는 습관을 가지는 것이 정말 중요합니다.

히스기야는 앗수르 왕 산헤립이 군사 18만 5천 명을 이끌고 쳐들어왔을 때도 하나님 앞에 나아가 기도했습니다. 앗수르 왕의 사자가 보낸 편지를 받은 후에 하나님 앞에 나아가 그 편지를 펼쳐 놓고 기도했습니다(왕하 19:14-16).

하나님은 히스기야의 기도를 들으시고 앗수르 군대가 하룻밤 사이에 송장이 되게 하셨습니다. 이렇듯 우리도 평소에 하나님을 의지하고 기도하는 습관을 들여야 합니다. 그래야 위기 때에 결사적으로 기도할 수 있습니다.

선한 일을 쌓아야 담대히 나아갈 수 있다

히스기야는 무엇보다 자기가 주 앞에서 선하게 행한 것을 기억해 달라고 기도합니다(왕하 20:3). 하나님은 우리가 행한 선한 일을 잊지 않으십니다. 하나님은 우리가 평소에 어떻게 사는가를 보십니다. 평소에 선한 일을 많이 하고 살던 사람들은 위기를 만났을 때 담대히 하나님 앞에 나아가 기도할 수 있습니다.

히스기야는 하나님 보시기에 정직했습니다. 우상을 제거하고 이스라엘 민족이 우상처럼 섬겼던 모세가 만든 놋뱀을 제거했습니다(왕하 18:4). 하나님만을 절대적으로 의지했습니다.

왕하 18:5-6   5 히스기야가 이스라엘 하나님 여호와를 의지하였는데 그의 전후 유다 여러 왕 중에 그러한 자가 없었으니 6 곧 그가 여호와께 연합하여 그에게서 떠나지 아니하고 여호와께서 모세에게 명령하신 계명을 지켰더라

사도행전에도 보면, 선한 일을 많이 행했던 한 여인이 나옵니다. 욥바에 살던 도르가입니다. 도르가가 갑작스럽게 죽자,

그녀에게 도움을 받았던 과부들이 베드로에게 나아와, 생전에 도르가가 베풀었던 사랑과 선행을 눈물로 전했습니다. 도르가가 만들어 주었던 속옷과 겉옷을 보여 주었습니다. 그 말을 들은 베드로는 도르가를 위해 기도했습니다. 그러자 놀랍게도 죽었던 도르가가 다시 살아났습니다(행 9:36-45).

하나님이 베드로를 통해 도르가를 살리셨습니다. 그러나 정말 그녀를 살린 것은 평소 도르가로부터 도움을 받았던 과부들의 중보기도입니다. 하나님이 기뻐하시는 선행은 이웃을 구제하고 선교하는 것입니다.

시 112:4-7 4 정직한 자들에게는 흑암 중에 빛이 일어나나니 그는 자비롭고 긍휼이 많으며 의로운 이로다 5 은혜를 베풀며 꾸어 주는 자는 잘 되나니 그 일을 정의로 행하리로다 6 그는 영원히 흔들리지 아니함이여 의인은 영원히 기억되리로다 7 그는 흉한 소문을 두려워하지 아니함이여 여호와를 의뢰하고 그의 마음을 굳게 정하였도다

사도행전 10장에 보면, 고넬료의 가정에 구원이 임하고 성령의 기름 부음을 체험하는 역사가 일어납니다. 고넬료는 비록 이방인이었지만, 온 집으로 더불어 하나님을 경외하고 백성들을 많이 구제했습니다(행 10:1-2). 그는 항상 하나님께 기도하고 평소에 선한 씨앗을 많이 심었습니다. 그러자 하나님이 고넬료의 가정에 큰 은혜를 내려 주셨습니다.

하나님은 치료하기를 기뻐하신다

질병을 치료하신다

하나님은 우리의 질병을 치료하시는 분입니다.

> 출 15:26 이르시되 너희가 너희 하나님 나 여호와의 말을 들어 순종하고 내가 보기에 의를 행하며 내 계명에 귀를 기울이며 내 모든 규례를 지키면 내가 애굽 사람에게 내린 모든 질병 중 하나도 너희에게 내리지 아니하리니 나는 너희를 치료하는 여호와임이라

예수님이 채찍에 맞으신 이유도 우리를 치료하시기 위해서입니다(사 53:5). 예수님이 채찍에 맞음으로써 우리는 나음을 입었습니다.

상한 마음을 치료하신다

우리 마음에 있는 상처는 삶을 고통스럽게 합니다. 특히 어린 시절에 받은 상처는 우리 인생 깊이 영향을 미칩니다. 이 상처를 치료받아야 건강하고 행복한 인생을 살 수 있습니다. 상한 심령, 상한 감정, 상한 마음은 치유를 받아야 합니다. 내면의 상처가 관계와 삶을 어렵게 합니다. 인생을 어렵게 만듭니다. 하나님은 마음이 상한 사람을 가까이하시고 구원해 주십니다.

시 34:18 여호와는 마음이 상한 자를 가까이 하시고 충심으로 통회하는 자를 구원하시는도다

하나님은 우리의 아픔을 아시고 치료해 주십니다. 슬픔이 변하여 기쁨이 되게 하시고, 근심이 변하여 찬송이 되게 하십니다.

척박한 땅을 치료하신다

하나님은 우리의 질병과 마음뿐만 아니라 환경과 가난도 치료하십니다. 그리고 우리가 거처하는 땅을 치료하십니다.

대하 7:14 내 이름으로 일컫는 내 백성이 그들의 악한 길에서 떠나 스스로 낮추고 기도하여 내 얼굴을 찾으면 내가 하늘에서 듣고 그들이 죄를 사하고 그들의 땅을 고칠지라

땅은 기업의 근원입니다. 모든 농산물은 땅에서 나옵니다. 그래서 땅이 치료되어야 합니다. 지금 우리가 살아가는 땅은 우상숭배로, 미움과 이기심으로 병들었습니다. 우리는 땅이 치료되기를 위해서 기도해야 합니다. 병든 땅이 치료받아야 우리가 수고한 것들이 열매를 맺을 수 있습니다.

물을 치료하신다

하나님은 마라의 쓴물을 단물이 되게 하셨습니다.

출 15:25 모세가 여호와께 부르짖었더니 여호와께서 그에게 한 나무를 가리키시니 그가 물에 던지니 물이 달게 되었더라 거기서 여호와께서 그들을 위하여 법도와 율례를 정하시고 그들을 시험하실새

하나님은 물을 치료하십니다. 지구 표면의 약 70퍼센트가 물로 덮여 있는 것처럼, 사람의 몸 역시 절반 이상이 물로 이루어져 있습니다. 그래서 물은 건강의 필수 요소입니다. 물이 치료되어야 몸도 건강해집니다. 우리는 물이 치료되기를 기도해야 합니다.

인생을 치료하신다

우리 인생에도 룻기에 나오는 나오미의 고백처럼 쓰라린 순간이 있습니다. 나오미는 가족과 함께 흉년을 피해 모압 땅으로 내려갔다가 거기서 남편과 두 아들이 죽는 고통을 겪었습니다. 그녀가 며느리 룻과 함께 베들레헴에 돌아왔을 때 찾아온 사람들에게 자신을 '나오미'라고 부르지 못하게 했습니다. 대신에 '마라'라고 부르라 했습니다. 나오미는 '기쁨'이라는 뜻이고, 마라는 '쓰다' '괴롭다'는 뜻입니다. 나오미는 전능자이신 하나님이 자신을 괴롭게 하셨다고 말했습니다.

그러나 하나님은 나오미의 인생을 치료해 주십니다. 며느리 룻을 통해 나오미의 생애를 아름답게 회복시켜 주십니다. 룻은 보아스를 만나 결혼한 후에 아들을 낳습니다. 나오미는 그

손자를 품에 안고 감격합니다. 베들레헴 여자들이 나와서 노래를 부릅니다. 그것은 하나님이 나오미의 인생을 치료하신 노래였습니다.

> 룻 4:14-15 14 여인들이 나오미에게 이르되 찬송할지로다 여호와께서 오늘 네게 기업 무를 자가 없게 하지 아니하셨도다 이 아이의 이름이 이스라엘 중에 유명하게 되기를 원하노라 15 이는 네 생명의 회복자이며 네 노년의 봉양자라 곧 너를 사랑하며 일곱 아들보다 귀한 네 며느리가 낳은 자로다 하니라

하나님을 믿으면 우리 인생은 얼마든지 치유되고 회복될 수 있습니다. 예수님의 이름을 부르면 쓰디쓴 인생이 단맛 나는 인생으로 회복될 수 있습니다.

Q 히스기야의 통곡기도를 들으신 하나님이 그의 생명을 연장해 주셨는데, 그 15년 동안 히스기야는 교만해져서 자신의 영광을 드러내고, 은혜를 잊고 살았습니다. 연장받은 삶의 결과가 좋지 않은데, 기도로 얻어내는 것이 옳은 걸까요?

A 하나님의 뜻은 온전하신 뜻과 허용하신 뜻이 있습니다.

롬 12:2 너희는 이 세대를 본받지 말고 오직 마음을 새롭게 함으로 변화를 받아 하나님의 선하시고 기뻐하시고 온전하신 뜻이 무엇인지 분별하도록 하라

히스기야의 사건은 하나님의 온전하신 뜻과 허용하신 뜻을 생각하게 하는 대표적인 예입니다. 먼저, 하나님은 선지자 이사야를 통해 히스기야에게 "네가 죽고 살지 못하리라"라고 말씀하셨습니다. 이것은 하나님의 온전하신 뜻으로 이해할 수 있습니다. 그러나 히스기야가 벽을 향해 통곡하며 기도하자 하나님은 그의 눈물을 보시고 생명을 15년 더 연장해 주셨습니다.

이것은 하나님이 기도를 들으셔서 허용하신 뜻이라고 볼 수 있습니다. 문제는 히스기야가 병에서 나은 후에 교만해져 바벨론 사신들에게 자신의 보물과 국력을 자랑한 것입니다. 결국 그 일은 훗날 유다기 바벨론에 의해 고통을 겪게 되는 통로로 이어집니다. 이 모습은 허용된 응답이 항상 좋은 결과를 가져오는 것은 아님을 보여 줍니다. 기도는 무엇을 얻어 내는 수단이 아니라 하나님의 뜻을 분별하는 과정입니다.

Part

II

위기를 기회로
바꾸는 기도

작정
기도

: 삶의 우선순위를 드릴 때
새로운 길이 열린다

작정기도는 하나님 앞에 뜻을 정하는 기도다.
계산을 멈추고, 믿음을 선택하는 결단이다.

새로운 시대는 하나님 앞에 뜻을 정하고 작정하며 기도하는 사람들이 열어 갑니다. 하나님은 암울한 포로기 시대에 느헤미야의 기도를 통해 새로운 시대를 준비하셨습니다. 새로운 시대는 항상 무너진 소식으로부터 시작됩니다. 예루살렘 성벽이 무너졌다는 말, 문들이 불탔다는 말은 도시의 문제가 아니라 한 민족의 정체성과 영적인 붕괴를 의미했습니다.

작정기도는 새로운 길을 열어 준다

느헤미야는 참담한 현실 앞에서 하나님께 작정기도를 시작했습니다. 느헤미야의 작정기도는 상황을 바꾸기 위한 기도가 아니라, 예루살렘의 참담함을 하나님의 마음에 다시 연결하기 위한 기도였습니다.

주전 586년 바벨론에 의해 남왕국 유다는 멸망했습니다. 그때 수많은 유다인들이 포로로 끌려갔습니다. 그리고 50년이 지났을 때 바벨론 포로 중 일부가 예루살렘으로 돌아왔습니다. 1차 귀환은 스룹바벨을 중심으로 약 5만 명 정도입니다. 이들이 귀환하여 예루살렘에 정착하면서 무너진 성전을 재건했습니다. 이것이 '스룹바벨 성전'입니다.

그리고 2차 귀환은 그로부터 약 80년 뒤 주전 458년에 이루어졌습니다. 에스라를 중심으로 대략 6천 명 정도가 예루살렘으로 귀향했습니다. 이 무렵 페르시아의 수산성에서는 느헤미야가 아닥사스다왕의 술 맡은 관원장이 되었습니다. 느헤미야는 신실한 믿음의 사람, 무엇보다도 기도하는 사람이었습니다. 당시 술 맡은 관원장은 대통령 비서실장과 같은 막강한 영향력을 가진 직책이었습니다.

페르시아 같은 대제국의 황제들은 항상 암살의 위험이 있었기 때문에 술 맡은 관원장은 왕에게 드리는 모든 음식과 음료를 사전에 검사하고 직접 맛을 보며 왕을 보좌했습니다. 술 맡은 관원장은 항상 왕과 동행하기 때문에 정치, 경제, 사회, 군사 등 여러 분야에 해박한 지식이 있어야 하고, 탁월한 무예까지 겸비해야 합니다. 느헤미야는 바벨론 포로로 끌려온 유다 백성의 후손으로, 페르시아 제국에서 태어나 성장했습니다. 느헤미야는 술 맡은 관원장이 됨으로써 당시 유대 사회에서 큰 성공을 이루었습니다.

느헤미야가 페르시아의 왕실에 있을 때 예루살렘에 다녀온 동생 하나니를 만났습니다. 그리고 예루살렘에 남아 있는 사람들의 고통스러운 현실을 들었습니다. 예루살렘 성벽은 무너져 있고, 성문은 불에 탔으며, 그곳에 남아 있는 백성들은 이방 민족에게 약탈과 능욕을 당하며 살고 있다는 것입니다. 그날부터 느헤미야는 음식을 먹을 수도, 잠을 잘 수도 없었습니다. 느헤미야는 참담한 마음으로 작정하고 금식하며 기도했습니다. 그는 하나님이 약속하셨던 말씀을 떠올렸습니다.

만일 내게로 돌아와 내 계명을 지켜 행하면 너희 쫓긴 자가 하늘 끝에 있을지라도 내가 거기서부터 그들을 모아 내 이름을 두려고 택한 곳에 돌아오게 하리라 하신 말씀을 이제 청하건대 기억하옵소서

그는 비록 이스라엘이 범죄했을지라도 회개하고 돌아오면 다시 회복시켜 주실 것이라는 말씀을 붙잡고 작정기도를 했습니다. 느헤미야는 나라와 민족을 사랑했고, 동족의 아픔을 자신의 아픔으로 생각했습니다. 평범한 사람이 비범해지는 순간은 언제나 기도를 시작하는 바로 그때입니다.

하나님은 느헤미야의 기도에 응답하셔서 그에게 새로운 시대를 여는 사명을 맡겨 주셨습니다. 바로 예루살렘 성벽을 재건하는 일이었습니다. 이스라엘 백성들이 포로에서 해방되어 본토로 돌아가 영적인 부흥을 이루려면 먼저 예루살렘이 회복되어야 했습니다. 예루살렘의 회복은 새로운 시대의 시작점입니다.

믿음은 기도의 자리로 이끈다

느헤미야는 하나님이 어떤 분인지 알았기에, 그분의 성품을 고백하며 간구했습니다.

느 1:5 이르되 하늘의 하나님 여호와 크고 두려우신 하나님이여 주

를 사랑하고 주의 계명을 지키는 자에게 언약을 지키시며 긍휼을 베
푸시는 주여 간구하나이다

하나님은 크고 두려우신 분입니다. "크고"의 히브리어 '가돌'
은 '위대한' '큰'이라는 뜻입니다. 하나님은 하늘에 있는 천사들
이나 땅에 있는 왕들이나 이 세상의 모든 것들보다 크신 분입
니다. 하나님은 능치 못할 일이 없는 전능하신 분입니다. 느헤
미야는 전능하신 하나님을 믿었기 때문에 기도했습니다.

하나님은 언약을 지키시는 분입니다(느 1:5b). 하나님은 우리
에게 언약을 주셨습니다. 대표적인 언약이 믿는 자에게 구원
을 주시겠다는 약속입니다. 그리고 순종하는 자에게 은혜를
주시고, 복을 주실 것을 약속하셨습니다.

마지막으로, 하나님은 우리를 항상 긍휼히 여기시는 분입니
다. "긍휼"의 히브리어 '헤세드'는 '친절' '인자' '자비'라는 뜻입
니다. 우리가 섬기는 하나님은 자비로우시고, 인자하시고, 친
절하신 분입니다.

느헤미야가 기도할 용기를 낼 수 있었던 것은, 자신이 기
도할 때 하나님이 들으신다는 확신이 있었기 때문입니다(느
1:11). 믿음은 기도하게 합니다. 믿음은 하나님을 신뢰하는 데
서 옵니다.

작정기도는 우선순위를 하나님께 맡기는 것이다

느헤미야는 "오늘 종이 형통하여 이 사람들 앞에서 은혜를 입게 하옵소서"(느 1:11)라고 기도했습니다. 느헤미야는 하나님께 형통의 복을 구했습니다. 형통의 복을 받은 사람이 하나님이 맡기신 일을 잘하고, 다른 사람을 도울 수 있습니다. 우리도 형통의 복을 구해야 합니다.

느헤미야가 예루살렘 총독으로 부임해서 성벽을 건축할 때 그는 봉급을 받지 않았습니다. 그럼에도 그는 자신뿐 아니라 함께 더불어 일하는 사람들을 위해 넉넉한 식탁을 베풀었습니다.

느 5:17-18 17 또 내 상에는 유다 사람들과 민장들 백오십 명이 있고 그 외에도 우리 주위에 있는 이방 족속들 중에서 우리에게 나아온 자들이 있었는데 18 매일 나를 위하여 소 한 마리와 살진 양 여섯 마리를 준비하며 닭도 많이 준비하고 열흘에 한 번씩은 각종 포도주를 갖추었나니 비록 이같이 하였을지라도 내가 총독의 녹을 요구하지 아니하였음은 이 백성의 부역이 중함이었더라

느헤미야는 형통의 복을 구했지만 그 길은 고생길입니다. 풍요로운 페르시아 왕궁을 떠나 성벽이 무너지고 황폐한 예루살렘으로 가야 하니 말입니다. 자신의 시간과 물질을 희생해야 합니다. 대적의 위협과 협박이 기다리고 있습니다. 이 모든

것을 알고도 느헤미야는 하나님이 맡기신 일을 위해 기도했습니다.

나는 신학대학원 졸업 후 동기 목사님이 개척한 교회에서 협동 목회를 했습니다. 사례비는 생각할 수 없었고, 가정의 경제 상황 역시 말이 아니었습니다. 안산시 변두리에 있는 선부동 방 두 칸 월세방에서 일곱 식구가 살았습니다. 저는 가족이 편안하게 살 수 있는 집을 간절히 원했습니다. 그래서 매일 집 뒤에 있는 작은 산에 올라가 기도했습니다. 사모는 무당 깃발이 서 있는 집 옥상에 올라가 기도했습니다. 기도 제목은 세 가지였습니다. 가족이 편하게 살 수 있는 집과 교회 개척 그리고 사모가 운영하는 약국을 이전하는 것이었습니다.

어느 날 사모가 조용히 계산기를 두드렸습니다. 그리고 내게 이렇게 말했습니다.

"이 세 가지를 다 이루려면 최소 3억은 필요해요."

그러더니 사모가 뜻밖의 말을 했습니다.

"이제 더는 계산 안 할래요. 세 가지 기도 제목을 하나님께 올려드리고 1년 동안 작정기도하겠습니다."

더 이상 인간적인 계산을 하지 않고 하나님께 맡기겠다는 신앙의 고백이었습니다. 그렇게 우리는 1년 작정기도를 시작했습니다. 사모는 어려운 형편에도 매달 10만 원 작정 예물을 심었습니다. 몇 개월이 지났음에도 상황이 나아지지 않았습니다. 그러나 기도는 점점 깊어졌습니다. 온 종일 기도에 집중했습니다. 1년 작정이 끝났음에도 아무 일도 일어나지 않았습니다. 그렇게 몇 개월이 더 흘러갔습니다.

어느 날 점심시간 약국에 들렀는데 사모가 많이 힘들어 보였습니다. 기분 전환을 위해 사모와 함께 인근에 분양 중인 아파트 모델하우스에 갔습니다. 찬찬히 둘러보고 나오려는데 직원이 다가와 말했습니다.

"미분양이 많아 중도금 무이자에 계약금 100만 원만 내면 계약해 드리고 있습니다."

우리는 하나님이 예비해 주신 아파트임을 느낄 수 있었습니다. 그래서 그 자리에서 새 아파트를 계약했습니다. 그리고 매일 아파트 입주를 위해 기도했습니다. 2년 후 입주 시점이 되었을 때, 아파트 가격이 많이 올라 있었습니다. 잔금의 대부분은 대출을 받아 해결할 수 있었고, 감사하게도 신도시 35평 아파트로 이사할 수 있었습니다. 그해 또 하나의 기적이 이어졌습니다. 지인의 도움으로 사모의 약국을 시내 중심가로 이전하게 된 것입니다. 그리고 아파트 대출을 더 받을 수 있게 되면서 마침내 교회 개척의 문도 열렸습니다.

집, 교회, 약국.

우리가 작정하며 기도했던 세 가지가 한 해를 지나며 모두 현실이 되었습니다. 돌아보면, 작정기도는 하나님께 삶의 우선순위를 맡기는 방식이었습니다. 계산을 멈추고, 믿음을 선택하는 결단이었습니다. 작정기도는 내 욕심을 채우기 위한 기도가 아니라 하나님의 뜻을 구하며 자신을 하나님께 맡기는 기도입니다. 작정기도의 목적은 하나님을 움직이는 것이 아니라 기도하는 사람이 하나님의 뜻에 맞게 변화되는 것임을 기억하십시오.

작정기도를 해도 구체적인 계획이 필요하다

느헤미야가 하나님 앞에 기도한 기간은 4개월이었습니다. 1장 1절에 나오는 기슬르월은 12월이고, 2장 1절에 나오는 니산월은 4월입니다. 느헤미야는 4개월 동안 예루살렘 성벽 건축에 대한 구체적인 계획을 세우면서 기도했습니다.

느헤미야 2장에서 아닥사스다왕이 느헤미야에게 무엇을 원하느냐고 물었을 때 그는 구체적인 계획을 보여 주면서 필요한 것을 요구했습니다.

느 2:5-8 5 왕에게 아뢰되 왕이 만일 좋게 여기시고 종이 왕의 목전에서 은혜를 얻었사오면 나를 유다 땅 나의 조상들의 묘실이 있는 성읍에 보내어 그 성을 건축하게 하옵소서 하였는데 6 그때에 왕후도 왕 곁에 앉아 있었더라 왕이 내게 이르시되 네가 몇 날에 다녀올 길이며 어느 때에 돌아오겠느냐 하고 왕이 나를 보내기를 좋게 여기시기로 내가 기한을 정하고 7 내가 또 왕에게 아뢰되 왕이 만일 좋게 여기시거든 강 서쪽 총독들에게 내리시는 조서를 내게 주사 그들이 나를 용납하여 유다에 들어가기까지 통과하게 하시고 8 또 왕의 삼림 감독 아삽에게 조서를 내리사 그가 성전에 속한 영문의 문과 성곽과 내가 들어갈 집을 위하여 들보로 쓸 재목을 내게 주게 하옵소서 하매 내 하나님의 선한 손이 나를 도우시므로 왕이 허락하고

기도한다고 계획을 세우지 않아도 되는 것이 아닙니다. 믿음이 있다고 계획 없이 일을 진행하면 안 됩니다. 계획이 실패하면 모든 것에 실패할 수 있습니다. 계획은 우리 미래의 청사진과 같습니다. 목적을 이루기 위해서는 구체적인 계획을 세우며 기도해야 하나님이 역사하십니다. 느헤미야는 계획을 세워 기도했습니다.

은혜를 입는 것이 중요하다

느 1:11 주여 구하오니 귀를 기울이사 종의 기도와 주의 이름을 경외하기를 기뻐하는 종들의 기도를 들으시고 오늘 종이 형통하여 이 사람 앞에서 은혜를 입게 하옵소서 하였나니 그때에 내가 왕의 술 관원이 되었느니라

느헤미야는 자신의 힘만으로는 성벽 재건의 사명을 감당할

수 없다는 것을 알았습니다. 사명을 성취하는 데는 사람들의 도움이 필요합니다. 사명이 크면 클수록 더욱 도움이 필요합니다. 그래서 사람을 얻게 해달라고 기도해야 합니다.

느헤미야는 자신에게 맡겨진 사명을 이루기 위해서 도움이 될 수 있는 핵심 인물을 파악했습니다. 바로 아닥사스다왕입니다. 왕이 허락하지 않으면 아무것도 할 수 없습니다. 그래서 왕의 마음을 움직여 달라고 기도했습니다. 기도하면 일의 핵심을 보게 됩니다. 가장 중요한 열쇠가 무엇인지 보게 됩니다.

느헤미야가 예루살렘에 관한 소식을 들었을 때 큰 슬픔에 빠졌습니다. 왕 앞에 섰음에도 그 슬픔을 감출 수 없었습니다. 왕이 느헤미야 마음에 있는 슬픔을 알아차렸습니다. 이것은 큰 위기입니다. 왕의 비위를 맞추고 흥을 일으켜야 할 신하가 연회장의 분위기를 망쳐 놓았기 때문입니다.

> 느 2:2 왕이 내게 이르시되 네가 병이 없거늘 어찌하여 얼굴에 수심
> 이 있느냐 이는 필연 네 마음에 근심이 있음이로다 하더라 그때에
> 내가 크게 두려워하여

느헤미야는 마음을 들켰다는 생각에 두려웠지만, 사실대로 아닥사스다왕에게 아뢰었습니다.

> 느 2:3 왕께 대답하되 왕은 만세수를 하옵소서 내 조상들의 묘실이

있는 성읍이 이제까지 황폐하고 성문이 불탔사오니 내가 어찌 얼굴
에 수심이 없사오리이까 하니

왕은 느헤미야를 신뢰했습니다. 누군가를 신뢰하면 그가 실
수해도 품어 줄 수 있습니다. 이러한 신뢰에는 두 가지 축이 있
습니다. 하나는 신실한 성품이며, 다른 하나는 맡겨진 일을 감
당할 수 있는 능력입니다. 우리는 이 두 가지를 겸비한 사람을
신뢰합니다.

왕은 수심에 찬 느헤미야를 보며 의심의 눈초리를 보내지
않았습니다. 오히려 그가 무엇을 원하는지를 물었습니다. 그
짧은 순간 느헤미야는 하나님께 기도했습니다.

느 2:4b …내가 곧 하늘의 하나님께 묵도하고

느헤미야가 왜 왕 앞에서 묵도하며 기도했을까요? 왕에게
아뢸 때 지혜를 얻기 위해서입니다.

예루살렘 성전 재건 사업은 느헤미야가 술 맡은 관원장이
되기 이전부터 진행되고 있었습니다. 그러나 예루살렘 주변의
이방인들은 이스라엘 백성이 성벽을 완공하면 머지않아 페르
시아 제국에 반역할 것이라는 거짓 보고를 아닥사스다왕에게
올렸습니다. 그래서 왕은 즉위하자마자 예루살렘 성벽 재건을
중단시켰습니다.

이 일이 에스라 4장에 기록되어 있습니다. 느헤미야는 이 사실을 알고 있음에도 예루살렘 성벽 재건을 위해 예루살렘에 가게 해달라고 요청합니다(느 2:5). 이것은 왕의 명령에 대한 번복이고, 왕의 자존심을 건드리는 위험천만한 일입니다. 그런데 놀랍게도 아닥사스다왕은 느헤미야의 계획을 묻습니다. 성벽을 건축하는 데 얼마나 걸리는지, 언제쯤 다시 돌아올 수 있는지 물었습니다(느 2:6).

놀라운 하나님의 은혜입니다. 느헤미야가 하나님 앞에 기도하니 바로 응답되어 왕의 마음을 얻습니다. 왕은 화내지 않았고, 오히려 느헤미야가 예루살렘 성벽을 재건할 수 있도록 도와주었습니다.

아닥사스다왕은 느헤미야가 구한 모든 것을 허락해 주었습니다. 느헤미야가 구한 것보다 더 주었습니다.

느 2:9-10 9 군대 장관과 마병을 보내어 나와 함께 하게 하시기로 내가 강 서쪽에 있는 총독들에게 이르러 왕의 조서를 전하였더니 10 호론 사람 산발랏과 종이었던 암몬 사람 도비야가 이스라엘 자손을 흥왕하게 하려는 사람이 왔다 함을 듣고 심히 근심하더라

왕은 느헤미야가 요청하지도 않은 군대 장관과 마병을 보내서 그를 호위하게 했습니다. 덕분에 예루살렘에 있는 유력한 사람들이 느헤미야를 함부로 대하지 못하고 근심했습니다. 이

처럼 뜻을 정하고 작정해서 기도할 때 하나님은 우리가 구한 것보다 넘치게 주십니다.

느헤미야는 사명을 완수하기까지 수많은 반대에 부딪혔습니다. 내부적으로는 낙담이라는 위기가 있었고, 외부적으로는 모함과 비난과 협박이 있었습니다. 그럼에도 느헤미야는 끊임없이 하나님께 기도하였고, 백성들과 함께 예루살렘 성벽을 재건하는 일에 힘을 쏟아부었습니다. 그리고 마침내 52일 만에 예루살렘 성벽 재건을 완수했습니다(느 6:15).

예루살렘 성벽이 재건되자 하나님이 예루살렘에 놀라운 영적 부흥을 주셨습니다. 새로운 부흥의 시대를 열어 주신 것입니다.

느 8:8-10 8 하나님의 율법책을 낭독하고 그 뜻을 해석하여 백성에게 그 낭독하는 것을 다 깨닫게 하니 9 백성이 율법의 말씀을 듣고 다 우는지라 총독 느헤미야와 제사장 겸 학사 에스라와 백성을 가르치는 레위 사람들이 모든 백성에게 이르기를 오늘은 너희 하나님 여호와의 성일이니 슬퍼하지 말며 울지 말라 하고 10 느헤미야가 또 그들에게 이르기를 너희는 가서 살진 것을 먹고 단 것을 마시되 준비하지 못한 자에게는 나누어 주라 이 날은 우리 주의 성일이니 근심하지 말라 여호와로 인하여 기뻐하는 것이 너희의 힘이니라 하고

느헤미야는 성벽 공사를 마친 것으로 만족하지 않았습니다.

예루살렘 성벽이 완공된 후에 첫 번째 맞이하는 나팔절에 모든 백성을 수문 앞 광장에 모이게 하였고, 학사 에스라가 하나님의 말씀을 낭독했습니다. 그때 말씀을 들은 백성들이 통곡하며 회개했습니다. 영적인 부흥이 일어난 것입니다.

느헤미야가 정말 원했던 것은 성벽 재건이 아니었습니다. 이스라엘 백성들의 마음이 하나님께 돌아오게 하는 것이었습니다. 느헤미야는 기도를 통해 그에게 맡겨진 사명을 완수했습니다. 예루살렘 성벽을 재건했고, 영적 부흥의 기초를 만들었습니다. 느헤미야의 기도를 들으신 하나님은 우리의 기도도 들으십니다. 느헤미야 한 사람의 기도로 인해 이스라엘에 새로운 시대가 열린 것처럼 믿음의 사람들은 가족을 위해서, 이웃을 위해서, 교회를 위해서, 나라와 민족을 위해서 기도해야 합니다. 한 사람의 기도가 중요합니다.

Q 작정기도를 하고 싶은데 끝까지 지킬 수 있을까 자신
   이 없습니다. 중간에 그만두면 기도 응답을 받지 못하
   나요?

A 작정기도는 하나님과 거래하는 것이 아니라 하나님
   께 더 가까이 나아가기 위한 결단입니다. 그래서 작정
   기간을 끝까지 지키는 것이 좋지만, 중간에 어려움이
   생겨 멈추었다고 해서 기도가 헛되거나 응답받지 못
   하는 것은 아닙니다. 작정한 그 자체를 하나님이 귀하
   게 보십니다.
   하나님은 우리의 연약함을 아십니다. 중요한 것은 완
   벽하게 지키는 것이 아니라 하나님을 향한 마음과 지
   속적인 믿음입니다. 혹시 중간에 잠시 멈추더라도 하
   나님의 도우심을 구하며 다시 마음을 정해 기도를 이
   어가면 됩니다. 기도의 응답은 내가 작정한 것을 얼마
   나 정확히 지켰느냐가 아니라 하나님을 신뢰하며 나
   아가는 마음에 달려 있습니다.

다음은 솔로몬의 제사, 한나의 기도, 다니엘의 기도, 여리고성 싸움 등 성경에 나오는 수많은 기도의 기적들에서 발견한 작정기도 방법입니다. 믿음의 사람들도 이런 작정기도를 했습니다.

1. 우선 30일, 100일, 1년 등 기간을 명확하게 정하세요.

2. 시간을 정해서 기도합니다.

   기도하기에 앞서 반드시 성경을 읽습니다. 성경은 처음부터 읽거나 신약 통독부터 하는 게 좋습니다. 내 기도 제목과 무관하게 하나님의 말씀에 귀를 기울이는 훈련이니 되도록 전체적으로 읽어야 합니다.

3. 내 삶을 통째로 하나님께 올려 드립니다.

   이제는 나를 위해 살지 않고 하나님을 위해 살겠다는 헌신의 고백을 하십시오.

4. 성경을 읽으며 알게 된 하나님의 섭리를 묵상합니다.

   하루 종일 그 말씀을 묵상합니다. 이것이 작정기도의 핵심입니다. 내 뜻보다 의로우신 하나님의 뜻이 어디에 있는지 성령님께 도와달라고 요청하며, 종일 틈나는 대로 그날 읽은 말씀을 묵상하십시오. 이것이 그의 나라와 의를 구하는 것입니다.

5. 지금 처한 고난에 하나님의 선하신 섭리가 있음을 인정하고 감사하십시오.

6. 마지막으로 내 아픔과 소원을 어린아이같이 하나님께 간절히 올려 드립니다.

나를 사랑하신 아버지에게 내 고통을 호소합니다. 이것이 그분과의 친밀함을 회복시키며, 날마다 낙심치 않고 기도를 계속할 힘을 공급해 줍니다.

방언
기도

: 위기를 기회로 바꾸는
영의 기도

방언기도는 영으로 드리는 기도다.
지식이 부족할 때, 감정이 혼란스러울 때
내 영이 직접 하나님께 나아가게 한다.

영적 전쟁에서 승리하려면 권능이 필요하다

우리는 영적 전쟁 한복판에서 살아가고 있습니다. 매일 진행되는 영적 전쟁에서 승리하려면 지혜나 지식만으로는 안 됩니다. 마귀의 견고한 진을 무너뜨릴 수 있는 능력이 필요합니다.

행 1:4-5 4 사도와 함께 모이사 그들에게 분부하여 이르시되 예루살렘을 떠나지 말고 내게서 들은 바 아버지께서 약속하신 것을 기다리라 5 요한은 물로 세례를 베풀었으나 너희는 몇 날이 못되어 성령으로 세례를 받으리라 하셨느니라

예수님은 승천하시기 전에 제자들에게 예루살렘을 떠나지 말고 아버지께서 약속하신 것을 기다리라고 말씀하셨습니다. 성령이 임하시면 너희가 권능을 받을 것이라고도 하셨습니다 (행 1:8). 우리가 영적 전쟁에서 승리하기 위해 중요한 것은 권능입니다. 성령을 받아야 세상을 이기고, 마귀를 이기고, 예수님이 맡기신 사명을 감당할 수 있습니다. 그래서 예수님이 제자들에게 예루살렘을 떠나지 말고 성령을 기다리라고 하신 것입니다. 성령이 임하면 능력이 임합니다.

예수님이 승천하신 후 제자들은 마가의 다락방에 모여 기도에 힘썼습니다. 오순절에 위로부터 급하고 강한 바람 같은 소리와 함께 성령의 불이 각 사람 머리 위에 임했습니다.

1 오순절 날이 이미 이르매 그들이 다같이 한 곳에 모였더니 2 홀연히 하늘로부터 급하고 강한 바람 같은 소리가 있어 그들이 앉은 온 집에 가득하며 3 마치 불의 혀처럼 갈라지는 것들이 그들에게 보여 각 사람 위에 하나씩 임하여 있더니 4 그들이 다 성령의 충만함을 받고 성령이 말하게 하심을 따라 다른 언어들로 말하기를 시작하니라

성령 받은 제자들이 방언으로 말하기 시작했습니다. 성령이 임하자, 각 사람의 입에서 새로운 언어, 즉 방언이 터져 나왔습니다. 방언은 오순절 성령강림과 함께 시작되었습니다. 방언은 교회의 탄생과 함께 시작되었다고 볼 수 있습니다.

제자들이 방언으로 기도하면 놀라운 일이 일어났습니다. 두려움이 물러가고 믿음이 성장했습니다. 능력이 나타나기 시작했고, 가는 곳마다 귀신을 쫓아내고 병든 자들을 고쳤습니다.

영적 전쟁에서 승리하려면 성령 받고 방언으로 기도할 수 있어야 합니다. 방언으로 기도하면 강력한 능력이 부어집니다. 예수님이 부활하신 후 제자들에게 마지막 명령을 주셨습니다.

막 16:17-18 17 믿는 자들에게는 이런 표적이 따르리니 곧 그들이 내 이름으로 귀신을 쫓아내며 새 방언을 말하며 18 뱀을 집어올리며 무슨 독을 마실지라도 해를 받지 아니하며 병든 사람에게 손을 얹은즉

믿는 자들에게 나타나는 표적 중 첫째가 귀신을 쫓아내는 능력이고, 둘째가 새 방언을 말하는 것입니다. 여기서 "새 방언"이란 단순한 언어가 아니라 성령님이 직접 주시는 하늘의 언어입니다.

성령 강림과 함께 방언을 주셨다

방언은 하늘의 언어다

사도행전 2장을 보면 오순절에 성령님이 강림하셨을 때 제자들이 성령의 충만함을 받고 다른 언어들로 말하기 시작했다고 합니다(행 2:4). 이는 단순한 외국어가 아니라, 성령님이 주시는 영적 언어입니다. 사람이 말하지만, 말하게 하시는 이는 성령입니다. 방언은 성령 강림의 첫 번째 증거입니다. 방언은 성령 하나님이 우리 안에 거하신다는 영적 표시입니다.

방언은 믿는 자들에게 따르는 새 언약의 표징이다

예수님은 구약의 율법 아래 있던 제사를 끝내시고 십자가로 새 언약을 세우셨습니다. 그리고 성령을 통해 새 백성을 일으키셨습니다.

믿는 자들에게는 이런 표적이 따르리니 곧 그들이 내 이름
으로 귀신을 쫓아내며 새 방언을 말하며

"새 방언"은 새 언약 백성의 언어, 즉 성령의 언어입니다. 사
람의 언어로는 하나님의 마음을 다 표현할 수 없습니다. 그래
서 성령님이 대신 기도하시고 우리를 하나님과 깊은 교제의
자리로 이끄십니다. 또 "믿는 자들에게는 이런 표적이 따르리
니"라고 했습니다. 방언은 구원의 조건이 아니라, 믿음의 결과
입니다.

한 청년이 있었습니다. 그는 예배 중 늘 성령을 사모하며 "하
나님, 저에게도 성령의 은사를 주세요" 하며 기도했습니다. 하
지만 아무 일도 일어나지 않았습니다. 그러던 어느 날, 마음 깊
은 곳에서 감사가 터져 나왔습니다. 그가 "할렐루야, 감사합니
다" 하고 계속 고백하는데, 그의 입술에서 자연스럽게 방언이
흘러나오기 시작했습니다. 그 순간 그에게 하나님이 임재하셨
다는 확신이 생겼습니다.

왜 방언을 주시는가

하나님과 깊은 교제를 나누기 위해서

방언기도는 알아듣는 자가 없습니다. 내 마음이 하는 것이

아니라 내 영이 성령으로 더불어 하나님께 기도하는 것이기 때문입니다. 방언은 하나님과 우리 사이의 비밀 기도이기 때문에 사탄도 알아듣지 못합니다. 하나님과 은밀하게 교통하는 것입니다(고전 14:2).

요즘 아이들이 SNS를 할 때 보면 글자 말고도 기호나 이모티콘 등으로 소통하는 것을 봅니다. 얼핏 보면 무슨 의미인가 싶습니다. 줄임말도 많아 어느 때는 외계어처럼 보이기도 합니다. 그런데 자기들끼리는 잘 통합니다. 그들만이 주고받는 언어이기 때문입니다. 이처럼 방언은 하나님과 우리 사이에 통하는 언어입니다. 우리가 방언으로 기도하면 성령님은 마귀가 알아듣지 못하도록 우리를 위해 탄식하며 간구해 주십니다.

고전14:15 14 내가 만일 방언으로 기도하면 나의 영이 기도하거니와 나의 마음은 열매를 맺지 못하리라 15 그러면 어떻게 할까 내가 영으로 기도하고 또 마음으로 기도하며 내가 영으로 찬송하고 또 마음으로 찬송하리라

신앙의 덕을 세우기 위해서

방언으로 계속 기도하면 신앙의 집이 든든하게 지어집니다.

고전14:4 방언을 말하는 자는 자기의 덕을 세우고 예언하는 자는 교회의 덕을 세우나니

"덕"의 헬라어는 '호이코스 데모'입니다. '호이코스'의 뜻은 '집'이고, '데모'의 뜻은 '집을 지어 올라간다'입니다. 방언기도는 성령의 능력으로 내 안을 충만하게 채웁니다. 방언기도를 지속하면 영적 전쟁에서 승리할 수 있습니다. 방언기도는 우리 안에 있는 이기적인 마음을 제거해 줍니다.

영적인 체력을 키우기 위해서

영적 체력은 하루아침에 생기지 않습니다. 육체의 체력이 반복 훈련으로 길러지듯 영적 체력도 훈련으로 자랍니다.

> 유 1:20 사랑하는 자들아 너희는 너희의 지극히 거룩한 믿음 위에 자신을 세우며 성령으로 기도하며

방언기도는 매일의 영적 근육을 키우는 기도입니다. 방언기도는 모든 운동의 기본인 달리기와 같습니다. 운동선수들이 본격적으로 훈련하기 전에 먼저 달리기를 통해 몸을 풀고 체력을 다지듯, 방언기도는 영적인 기초체력을 단련시키는 달리기와 같습니다. 방언기도를 많이 하면 영적인 체력이 길러져 능력 있는 기도를 할 수 있게 됩니다. 방언기도를 꾸준히 하면 나타나는 변화가 있습니다. 쉽게 낙심하지 않습니다. 시험이 와도 회복이 빠릅니다. 기도 자리에 다시 돌아오는 힘이 생깁니다. 마귀의 공격에도 쉽게 무너지지 않습니다.

방언기도는 알 수 없는 위기를 넘기게 한다

<롬 8:26-27> 26 이와 같이 성령도 우리의 연약함을 도우시나니 우리는 마땅히 기도할 바를 알지 못하나 오직 성령이 말할 수 없는 탄식으로 우리를 위하여 친히 간구하시느니라 27 마음을 살피시는 이가 성령의 생각을 아시나니 이는 성령이 하나님의 뜻대로 성도를 위하여 간구하심이니라

우리는 연약합니다. 한 치 앞을 모르고 살아갑니다. 연약한 존재이기 때문에 늘 불안합니다. 그런데 성령께서 친히 말할 수 없는 탄식으로 연약한 우리를 위해 기도해 주십니다.

어느 권사님이 구역예배를 인도하러 가는데 갑자기 마음속에 기도해야겠다는 간절한 소원이 올라왔습니다. 기도할 곳을 찾기 위해 주변을 살펴보았습니다. 기도할 수 있는 곳은 아무데도 없었습니다. 할 수 없이 골목 구석진 곳에 쭈그리고 앉아 기도를 시작했습니다. 어떤 기도를 해야 할지 감이 오지 않아 방언으로 기도를 시작했습니다. 한 시간 정도 전쟁을 치르는 것처럼 기도하다 눈을 떠보니 사람들이 구경하고 있었습니다. 창피한 마음에 도망치듯 빠져나와 구역예배를 드리고 집으로 돌아왔습니다.

그런데 집에 기가 막힌 일이 일어났습니다. 집을 비우고 나간 사이에 도둑이 들어와 온 집을 다 뒤진 것입니다. 장롱에 있던 옷가지들이 마당에까지 흩어져 있었습니다. 장롱 안에 있는 서랍장들이 다 열려 있었습니다. 너무 놀라 장롱 서랍을 살펴보았습니다. 그곳에 귀중품을 넣어 두었기 때문입니다. 허둥지둥 서랍을 들춰 보니 옷가지들이 다 헤쳐져 있는데 현금과 귀금속은 그대로 있었습니다.

도둑이 집에 들어왔을 때 성령님이 권사님의 마음에 기도해야겠다는 간절함을 주시고 방언으로 기도하게 하신 것입니다. 권사님이 순종하여 방언기도를 시작하자 성령님이 도적의 눈을 가려 현금과 귀중품을 보지 못하게 하셨습니다.

우리는 연약해서 무엇을 위해 기도해야 할지 잘 모릅니다. 그런데 성령님이 말할 수 없는 탄식으로 우리를 위해 기도해 주십니다. 방언은 우리가 인식하지 못하는 것이나 생각할 수 없는 것을 위해 기도할 수 있는 방법을 제공해 줍니다. 성령님은 우리의 기도를 도와 주십니다. 이런 일도 있습니다.

아프리카 오지에서 사역하던 한 영국인 선교사가 휴가 중에 참석한 선교대회에서 한 여인을 만났습니다. 그녀는 선교사를 위해 오래 기도하고 있었습니다. 그녀는 선교사에게 매일 일기를 쓰고 있는지 물었습니다. 그가 그렇다고 답하자 그녀는 이렇게 말했습니다.

"2년 전 저는 한밤중에 기도해야겠다는 부담을 가지고 깨어났습니다. 바로 침대에서 내려와 바닥에 무릎을 꿇고 방언으로 기도를 시작했습니다. 한 시간가량 기도했는데 마치 내가 씨름을 하고 있는 것 같았습니다. 기도를 끝냈을 때 저는 환상을 보았습니다. 저는 당신이 짚으로 지은 오두막집 안에서 원주민들에게 둘러싸여 있는 것을 보았습니다. 당신은 병이 들었고 그다음에 죽었습니다. 저는 또 원주민들이 당신의 얼굴 위에 천을 덮고는 슬프게 오두막 밖으로 나가는 것을 보았습니다. 그런데 갑자기 당신이 오두막에서 나오더니 그들 가운데 섰고 모든 원주민이 기뻐했습니다.”

선교사는 그 여인에게 일기장이 있으면 오후에 가져와 달라고 부탁했습니다. 둘은 일기장을 비교하며 영국과 아프리카 현지 시차를 계산해 보았습니다. 그리고 그 여인이 선교사를 위해 기도했던 시간과 그 선교사가 죽을 것 같은 열병으로 심히 아팠던 때가 같은 시간이었음을 발견했습니다. 선교사를 위해 기도하던 여인은 영국에 있었고, 선교사는 아프리카에서 원주민들과 함께 있었습니다. 그녀가 환상에서 본 대로 그 선교사는 죽었고, 원주민들은 그가 죽은 것을 보고 천을 머리 위로 덮었습니다. 그러나 그 후 선교사는 갑자기 건강을 회복했고 일어났습니다. 바로 성령님이 두 사람 가운데서 일하고 계셨기 때문입니다.

방언기도를 통해 예언의 말씀을 주신다

우리가 방언으로 기도할 때 본인 또는 함께 기도하는 동역

자에게 통변이 임할 때가 있습니다. 방언을 통역하면 예언과 같습니다(고전 14:3). 그래서 성경은 방언기도를 할 때 통변하기를 구하라고 말씀합니다(고전 14:13).

일본에서 신앙생활을 하는 집사님의 간증입니다. 이분이 예수를 믿고 성령을 받은 후 방언의 은사를 받았습니다. 너무 행복해서 날마다 방언으로 기도했습니다. 특별히 로마에 살고 있는 동생이 예수 믿게 해달라고 하나님께 기도했습니다. 하루는 동생에게 전화가 왔습니다. 반가운 마음에 안부를 물으려는데 갑자기 방언이 터져 나왔습니다. 중단하려 해도 멈출 수 없었습니다. 그러다 어느 순간 방언이 멈췄습니다.

동생이 말했습니다.

"누님, 지금 저에게 뭐라고 하셨어요?"

"동생아, 미안하다. 그걸 방언이라고 하는데 나도 무슨 말인지 모른다. 성령세례 받은 후부터 내 입에서 방언이 나오는데 무슨 말인지 나도 몰라. 그런데 너와 전화 통화하는데 갑자기 방언이 나왔다. 미안하다."

"아니, 미안할 것 없어요. 누님이 분명한 이태리 말로 이렇게 말했어요. '예수 그리스도께서 십자가에 못 박혀 피 흘려 죽으시고 부활하신 것은 너의 죄를 용서하고 너를 구원하기 위한 것이니 더 이상 지체하지 말고 예수를 믿어라'라고요."

"동생, 내가 이태리 말을 어떻게 알 수 있겠니? 성령께서 나를 통해 방언으로 말한 것인데 나는 못 알아들어도 네가 알아들었으니 정말 좋구나!"

이 일 후에 동생은 예수님을 믿게 되었습니다.

오순절 날 제자들이 방언으로 말할 때 명절을 지키기 위해 각 지역에서 예루살렘으로 왔던 사람들이 각각 자기 나라의 말로 알아들었다고 했습니다.

> 행 2:6-12 6 이 소리가 나매 큰 무리가 모여 각각 자기의 방언으로 제 자들이 말하는 것을 듣고 소동하여 7 다 놀라 신기하게 여겨 이르되 보라 이 말하는 사람들이 다 갈릴리 사람이 아니냐 8 우리가 우리 각 사람이 난 곳 방언으로 듣게 되는 것이 어찌 됨이냐 9 우리는 바대인 과 메대인과 엘람인과 또 메소보다미아, 유대와 갑바도기아, 본도와 아시아, 10 브루기아와 밤빌리아, 애굽과 및 구레네에 가까운 리비야 여러 지방에 사는 사람들과 로마로부터 온 나그네 곧 유대인과 유대 교에 들어온 사람들과 11 그레데인과 아라비아인들이라 우리가 다 우리의 각 언어로 하나님의 큰 일을 말함을 듣는도다 하고 12 다 놀 라며 당황하여 서로 이르되 이 어찌 된 일이냐 하며

방언기도를 하면 깊은 기도에 들어갈 수 있다

기도를 오래 할수록 하나님과 깊은 교제를 나눌 수 있습니다. 깊은 기도에 들어가는 것은 쉽지 않습니다. 오랫동안 하나

님 안에 머물러 있어야 합니다. 오래 기도하려면 마음으로 기도하고 영으로 기도하며 마음으로 찬양하고 영으로 찬양하라고 했습니다(고전 14:15). 방언으로 성령 안에서 기도하면 오랫동안 기도할 수 있습니다.

처음 방언의 은사를 받은 많은 성도가 비슷한 고백을 합니다. "내가 무슨 말을 하는지도 모르겠고, 기도한 것 같지도 않습니다. 그래서 방언기도를 하지 않게 됩니다." 이러한 느낌은 매우 자연스러운 것입니다. 방언기도의 본질을 이해하면 이 문제는 자연스럽게 풀립니다.

고전 14:2 방언을 말하는 자는 사람에게 하지 아니하고 하나님께 하나니 이는 알아 듣는 자가 없고 영으로 비밀을 말함이라

방언기도는 머리로 이해하는 기도가 아니라 영으로 하나님께 드리는 기도입니다. 방언기도는 느낌보다 믿음으로 하는 기도입니다. 많은 초보 방언 기도자는 이렇게 생각합니다. '감동이 없고 느낌이 없는데 하나님이 들으실까?' 그런데 사도 바울은 이렇게 말합니다.

고전 14:15 그러면 어떻게 할까 내가 영으로 기도하고 또 마음으로 기도하며 내가 영으로 찬송하고 또 마음으로 찬송하리라

마음으로 하는 기도는 내가 이해하는 기도입니다. 영으로 하는 방언기도는 감정 중심이 아니라 믿음 중심입니다. 나의 모든 형편과 사정을 아시는 성령님이 내 안에서 하는 기도입니다. 마치 씨앗을 땅에 심으면 당장 변화가 보이지 않아도 땅속에서는 생명이 자라는 것처럼, 방언기도도 보이지 않는 영의 세계에서 역사하고 있습니다.

방언으로 기도하면 무엇을 더 기도해야 할지 성령께서 깨닫게 하십니다(엡 6:18). 그래서 방언으로 기도하다 마음으로 기도하면 밤새도록 할 수 있습니다. 또한 방언으로 기도하면 새로운 차원으로 들어가 더 깊이 기도하게 되며, 하나님의 선하시고 기뻐하시고 온전하신 뜻을 알게 됩니다.

바울은 누구보다 방언을 많이 말함을 감사했습니다.

고전 14:18 내가 너희 모든 사람보다 방언을 더 말하므로 하나님께 감사하노라

바울은 고린도 교인들보다 더 많이 방언으로 기도했다고 말합니다. 바울은 감옥에 갇혀 있을 때도, 여행하면서도, 천막을 만들면서도 방언으로 기도했습니다. 마음으로 하는 기도는 생각과 말에 집중하기 때문에 한꺼번에 두 가지 일을 할 수 없습니다. 그러나 방언기도는 내 영이 성령 안에서 기도하기 때문에 설거지하면서도, 걸어가면서도, 일하면서도 할 수 있습니다.

마귀는 마음의 기도는 들을 수 있지만 방언기도는 듣지 못합니다. 방언기도는 은밀한 영적 전쟁의 언어입니다. 방언기도는 영적 전쟁의 불씨를 일으킵니다. 기도가 사라지고 예배가 메마른 교회에 방언이 터지면 성도들이 회개하고 영적으로 깨어나기 시작합니다. 사랑이 회복되고 능력이 나타납니다. 방언은 하나님이 우리에게 주신 놀라운 선물입니다. 방언은 내 영이 살아 있다는 증거이며, 성령이 지금도 내 안에서 일하고 계심을 나타내는 표적입니다. 방언으로 기도하면 마음이 뜨거워지고 생각이 맑아지고 하나님의 뜻이 분명해집니다.

초보 방언기도자를 위한 안내

방언기도를 이렇게 시작해 보십시오.

- 1단계 : 짧게 시작하십시오. 처음부터 오래 하려고 하지 마십시오. 5분, 10분, 15분 짧게 꾸준히 하는 것이 좋습니다.
- 2단계 : 마음의 기도를 먼저 시작하십시오. "하나님 감사합니다. 오늘 하루도 주님께 맡깁니다. 성령님 제 마음을 붙잡아 주세요." 이렇게 몇 분 기도한 후 자연스럽게 방언기도로 들어가면 좋습니다.

· 3단계 : 마음을 하나님께 집중하십시오. 방언기도를 할 때 중요한 것은 "무슨 말을 하느냐"가 아니라 "누구에게 하느냐"입니다. 내 마음이 하나님께 향해 있으면 이미 올바른 기도입니다.

· 4단계 : 억지로 하지 말고 자연스럽게 하십시오. 방언기도는 억지로 하는 것이 아닙니다. 성령님의 인도하심을 따라 편안하게 하면 됩니다.

이런 과정을 따라하다 보면 방언기도가 점점 깊어집니다. 처음에는 어색하고 감동이 느껴지지 않아도 지속적으로 이 단계를 반복하면 어느 순간 마음이 뜨거워지기 시작합니다. 눈물이 터지기도 하고 깊은 평안이 찾아옵니다. 이것은 성령님이 우리 안에서 역사하시기 때문입니다.

방언기도의 가장 큰 목적은 능력이나 체험이 아니라 하나님과의 깊은 교제입니다. 내가 이해하지 못해도 하나님과 내 영이 교제하고 있습니다. 마치 어린아이가 아버지 품에서 말을 제대로 하지 못해도 아버지는 그 마음을 다 아는 것처럼 말입니다. 방언기도는 내 영혼이 하나님 아버지께 드리는 사랑의 언어입니다.

방언기도는 잘하려고 하는 기도가 아닙니다. 그냥 하나님 앞에 머무르는 기도입니다. 말을 알아듣지 못해도 괜찮습니다. 감동이 적어도 괜찮습니다. 중요한 것은 "나는 지금 하나님께 기도하고 있다"는 믿음입니다. 그렇게 꾸준히 기도하다 보면 어느 날 방언기도는 당신의 영혼을 살리고 기도의 깊은 세계로 들어가게 하는 하나님의 귀한 선물이 될 것입니다.

방언의 은사에 대한 7가지 성경적 이해

첫째, 방언은 성령님이 주시는 은사입니다. 사람이 연습하거나 억지로 만드는 것이 아니라 성령님이 주실 때 나타나는 은사입니다.

둘째, 모든 사람이 방언을 반드시 받아야 하는 것은 아닙니다. 은사는 여러 가지이며, 하나님은 각 사람에게 다르게 나누어 주십니다.

셋째, 방언은 하나님과의 깊은 영적 교통을 돕는 도구입니다. 말로 표현하기 어려운 마음을 성령님이 대신 하나님께 올려 드립니다.

넷째, 방언은 영적인 유익이 있지만 신앙의 수준을 결정하지는 않습니다. 방언을 한다고 더 영적인 사람이고, 못 한다고 믿음이 없는 것이 아닙니다.

다섯째, 방언기도를 억지로 하려고 하지 마십시오. 조급함이나 사람의 방법보다 성령님의 인도하심을 기다리는 것이 중요합니다.

여섯째, 방언보다 더 중요한 것은 성령의 열매입니다. 사랑, 겸손, 온유, 절제와 같은 삶의 변화가 진짜 성령의 역사입니다.

일곱째, 방언을 받는 가장 좋은 태도는 성령님을 구하는 것입니다. 은사를 구하기보다 하나님과의 관계를 구할 때 하나님이 가장 좋은 것을 주십니다. 즉 방언은 억지로 만들어 내는 기술이 아니라, 하나님이 필요할 때 성령을 통해 주시는 은사입니다.

방언기도의 유익은 내 영을 깨우는 것입니다. 생각이 많을수록 우리는 하나님을 '해석'하려고 합니다. 내 안에 감정이 자리 잡으면 하나님을 '평가'하려고 합니다. 그런데 방언으로 기도하면 복잡한 마음이 차분해집니다. 영이 깨어나고 '분별'이 살아납니다. 방언기도는 내면의 잡음을 제거함으로써 하나님의 음성을 들을 수 있는 고요한 마음을 만들어 줍니다.

방언기도는 영적 전쟁을 승리로 이끄는 능력입니다. 막힌 담을 돌파하는 능력입니다. 성령의 권능이 임할 때 어둠은 떠나가고, 묶였던 영혼이 자유하게 됩니다. 방언은 강력한 영적 무기입니다. 우리가 방언으로 기도할 때 사탄의 견고한 진이 무너지기 시작합니다.

Q 방언의 은사를 받고 싶은데도 잘 안 됩니다. 억지로 따라하다 보면 방언기도를 하게 된다고 하는데, 그렇게까지 해야 할까요? 혹시 잘못 받을까 두렵기도 합니다. 어떻게 해야 안전하게 방언을 받을 수 있을까요?

A 성경에서 방언은 사람이 연습해서 만들어 낸 것이 아니라 성령께서 말하게 하심을 따라 나타났습니다. 방언은 억지로 만들어 내는 것이 아닙니다. 그래서 억지로 따라하거나 소리를 만들어내는 방식은 조심하는 것이 좋습니다.

행 2:4 그들이 다 성령의 충만함을 받고 성령이 말하게 하심을 따라 다른 언어들로 말하기를 시작하니라

방언은 신앙의 필수 조건이 아닙니다. 방언을 받지 못했다고 해서 믿음이 약한 것도 아니고 성령이 없는 것도 아닙니다.

예수님은 이렇게 말씀하셨습니다.

눅 11:13 너희가 악할지라도 좋은 것을 자식에게 줄 줄 알거든 하물며 너희 하늘 아버지께서 구하는 자에게 성령을 주시지 않겠느냐 하시니라

하나님은 성령을 구하는 사람이 잘못된 영을 받게 되는 것을 허락하지 않으십니다. 그래서 두려움 속에서 구하기보다 신뢰 가운데 구하는 것이 중요합니다.

방언을 받는 가장 안전한 방법

성령님을 먼저 구하십시오. 하나님을 찬양하고 기도하면서 마음을 열고 방언의 은사를 달라고 기도하십시오. 조급해하지 말고 기다리십시오. 하나님이 주시면 자연스럽게 나타납니다.

선포
기도

: 예수 이름의 권세로 어둠을
물리치는 믿음의 기도

선포기도는 하나님이 주신 권세를 활용해
그분의 약속을 믿음으로 선포하는 기도다.

선포기도는 권세기도라고도 합니다. 선포기도는 하늘의 문을 여는 강력한 능력입니다. 엘리야가 기도할 때 3년 6개월 동안 닫혔던 하늘이 열리고 은혜의 단비가 내렸습니다. 가뭄으로 고통받던 이스라엘 모든 백성이 기쁨을 누렸습니다. 어떻게 3년 6개월 동안 닫혔던 하늘 문이 열렸을까요? 엘리야가 하나님이 주신 권세를 알고 그 권세를 활용하여 선포기도했기 때문입니다. 기도하면 하늘이 열립니다. 기도하면 하늘로부터 은혜의 단비가 내려옵니다.

권세를 활용한 기도는 엘리야에게만 주신 특권이 아닙니다. 믿음으로 살아가는 우리 모두에게 주신 특권입니다.

막 11:24 그러므로 내가 너희에게 말하노니 무엇이든지 기도하고 구하는 것은 받은 줄로 믿으라 그리하면 너희에게 그대로 되리라

하나님은 기도하는 사람에게 하늘 문을 여는 권세를 주셨습니다. 또한 기도의 특권과 권세를 주셨습니다.

마 16:19 내가 천국 열쇠를 네게 주리니 네가 땅에서 무엇이든지 매면 하늘에서도 매일 것이요 네가 땅에서 무엇이든지 풀면 하늘에서도 풀리리라 하시고

하나님의 백성은 권세를 통해 하늘 문을 열 수 있습니다. 땅

에서 무엇이든지 풀면 하늘에서도 풀리는 역사가 일어납니다.

엘리야는 하나님께 비를 내려 달라고 기도했습니다. 이스라엘은 하늘에서 내리는 비가 없으면 농사를 지을 수 없습니다. 이스라엘 땅에는 애굽처럼 큰 강이 흐르지 않습니다. 하나님이 이른 비와 늦은 비를 내려 주셔야 씨를 뿌리고 농사를 지을 수 있습니다. 하늘에서 비가 내려야 씨앗에 싹이 나고 자라며 풍성한 열매가 맺힙니다(겔 34:26-27).

이스라엘 땅에 내리는 비는 그냥 비가 아닙니다. 하나님이 내려 주시는 은혜의 비요 축복의 단비입니다. 3년 동안 끊어졌던 축복의 비가 언제 다시 내리기 시작했을까요? 엘리야가 기도했을 때 닫혔던 하늘 문이 열리고 은혜의 비가 내렸습니다.

약속의 말씀을 붙잡을 때 선포기도는 강력하다

왕상 18:1-2 1 많은 날이 지나고 제삼년에 여호와의 말씀이 엘리야에게 임하여 이르시되 너는 가서 아합에게 보이라 내가 비를 지면에 내리리라 2 엘리야가 아합에게 보이려고 가니 그때에 사마리아에 기근이 심하였더라

가뭄이 시작된 지 3년이 되었을 때 여호와의 말씀이 엘리야에게 임했습니다. 하나님의 말씀이 임해야 권세 있게 기도할

수 있습니다. 엘리야는 가뭄에 시달리고 있는 이스라엘 땅에 큰비를 주시겠다는 하나님의 약속을 받았습니다.

엘리야는 그 약속을 붙잡는 순간 하나님께 기도했습니다. 우리는 이런 생각을 할 수 있습니다. '하나님이 비를 주시겠다고 약속하셨으면 기도하지 않아도 비를 주시지 않겠는가?' 그런데 하나님은 약속의 말씀을 주셨다 할지라도 기도해야 한다고 말씀하십니다.

겔 36:36-37 36 너희 사방에 남은 이방 사람이 나 여호와가 무너진 곳을 건축하며 황폐한 자리에 심은 줄을 알리라 나 여호와가 말하였으니 이루리라 37 주 여호와께서 이같이 말씀하셨느니라 그래도 이스라엘 족속이 이같이 자기들에게 이루어 주기를 내게 구하여야 할지라…

하나님은 우리의 기도를 통해 약속을 성취하십니다. 우리가 약속을 받았다고 할지라도 기도하지 않으면 약속이 성취되지 않습니다. 엘리야는 하나님의 마음을 알았습니다. 그래서 비를 주겠다는 하나님의 음성이 들려왔을 때 즉시 그 말씀을 붙잡고 기도했습니다. 약속의 말씀은 우리에게 확신을 주기 때문에 그 기도가 권세 있는 기도, 강력한 기도가 됩니다.

우리도 권세 있는 선포기도를 하기 위해서는 엘리야처럼 하나님의 약속의 말씀을 받는 것이 중요합니다. 약속의 말씀을 붙들고 기도할 때 하늘 문이 열리고 기도가 응답됩니다.

다니엘도 약속의 말씀을 붙잡았기에 권세 있게 기도할 수 있었습니다.

단 9:1-3 1 메대 족속 아하수에로의 아들 다리오가 갈대아 나라 왕으로 세움을 받던 첫 해 2 곧 그 통치 원년에 나 다니엘이 책을 통해 여호와께서 말씀으로 선지자 예레미야에게 알려 주신 그 연수를 깨달았나니 곧 예루살렘의 황폐함이 칠십 년 만에 그치리라 하신 것이니라 3 내가 금식하며 베옷을 입고 재를 덮어쓰고 주 하나님께 기도하며 간구하기를 결심하고

다니엘은 예레미야의 말씀을 읽다가 하나님이 포로로 끌려간 이스라엘 백성을 70년 만에 회복시키신다는 약속을 알게 되었습니다. 그래서 그 말씀을 붙잡고 담대하게 기도하기 시작했습니다. 다니엘의 기도를 통해 포로된 땅에서 예루살렘으로 돌아가는 길이 열렸고, 이스라엘 백성들이 예루살렘으로 귀환하게 되었습니다.

믿음의 백성은 하나님의 말씀을 깨달았을 때 그 말씀을 붙들고 기도하는 사람입니다. 하나님은 그런 사람을 기뻐하시고 그 사람을 통해 일하십니다.

인도네시아의 유명한 전도자 멜 태리(Mel Tari)는 전도팀을 만들어 티모르섬에 있는 니키니키라는 작은 마을에 전도 여행을

갔습니다. 당시에는 전도를 나가면 대부분의 전도팀이 목사님의 사택에서 머물렀습니다. 그런데 티모르섬에 기근이 찾아와 식량을 구하기 어려웠습니다. 한두 명도 아니고 무려 20명이나 되는 전도대원이 일시에 들이닥쳤으니 목사님 내외가 얼마나 당황했을까요. 사택에 남아 있는 양식은 녹말 덩어리인 타피오카 네 뿌리가 전부였습니다. 이때 하나님이 목사님과 전도 팀장에게 동시에 말씀하셨습니다.

"이 타피오카 뿌리로 빵을 만들어라."

네 뿌리로 빵을 만들어 봤자 두세 명 먹으면 끝날 정도의 양입니다. 그러나 사모님은 하나님의 말씀에 순종해서 조그마한 빵 한 덩어리를 만들었습니다. 전도 팀장이 사모님에게 이렇게 말했습니다.

"사모님, 차 끓일 물 솜 주세요. 빵 먹을 때 같이 마시는 게 좋겠습니다."

남은 차와 설탕은 2-3인분 정도였지만 사모님은 순종했습니다. 타피오카 뿌리로 만든 빵을 접시에 담아 놓고 목사님 내외와 전도 팀장이 함께 하나님께 기도했습니다. 그때 하나님이 말씀하셨습니다.

"모두 접시와 컵을 하나씩 들게 하라. 그리고 빵을 떼어 주어라. 한 접시씩 가득 찰 때까지 빵을 나누어 주어라."

사모님은 이해가 되지 않고 믿음도 생기지 않았습니다. 그럼에도 순종하여 오른손으로 빵을 들고 왼손으로 떼어 접시에 나누어 주기 시작했습니다. 그때 놀라운 일이 벌어졌습니다. 왼손에 있는 빵은 반 덩어리 그대로인데 오른손에 있는 빵은 어느새 한 덩어리가 되어 있었습니다. 빵을 떼면서 사모님은 기적이 일어나고 있음을 알게 되었습니다. 사모님의 입에서는 찬양이 터져 나왔습니다. 하나님을 찬양하면서 빵을 떼고 또 떼어 접시를 채웠습니다. 드디어 맨 뒤에 있던 사람까지 빵이 가득 채워진 접시를 받았습니다. 빵을 받은 전도 팀원들은 너무나 감격해서 말을 잇지 못했습니다.

빵이 가득한 접시를 받은 후에 차도 나누기 시작했습니다. 타피오카 빵은 건조하고 딱딱하기 때문에 차가 없으면 먹기 어렵습니다. 끓인 차는 아주 적은 양이었지만 컵에 가득 채워 주라는 하나님 말씀에 순종하여 각 사람의 컵에 차를 가득 채웠습니다. 이번에도 주전자의 차가 끊어지지 않고 계속 나왔습니다. 전도팀 모두 감격하며 풍성한 식탁 교제를 가졌습니다.

선포기도는 믿음으로 해야 한다

왕상 18:41 엘리야가 아합에게 이르되 올라가서 먹고 마시소서 큰비 소리가 있나이다

이스라엘 땅에 3년 6개월 동안 비가 내리지 않았습니다. 하

늘에는 햇빛이 쨍쨍합니다. 도저히 비가 올 것 같지 않습니다. 그런데 엘리야는 아합에게 큰비 소리가 있다고 말했습니다.

기도의 사람은 믿음으로 선포하는 사람입니다. 엘리야는 기도하기 전에 이미 믿음으로 큰비의 소리를 들었습니다. 그리고 그 소리를 입술로 선포했습니다. "큰비 소리가 있나이다!"

엘리야는 선포의 능력을 알았습니다. 입술로 선포하면 환경이 변화된다고 믿었습니다. 선포의 능력을 믿을 때 우리는 믿음의 길에 들어섭니다. 우리가 믿음으로 선포하면 하나님이 역사하십니다. 하나님의 말씀은 살아 있고 운동력이 있습니다. 하나님의 말씀이 선포되면 다시 돌아오지 않고 열매를 맺습니다.

신학대학원 졸업반이 시작되면서, 내 마음은 점점 무거워졌습니다. 부르심에 응답하고 사명자의 길에 들어섰지만, 어떤 길로 가야 할지 막막했습니다. 진로를 위해 기도하기 시작했습니다.

"교회 개척입니까, 대형교회의 부교역자입니까, 아니면 선교사의 길입니까?"

기도는 점점 깊어졌고, 간절해졌습니다. 그러던 5월 어느 날 밤이었습니다. 학교 수업을 마치고, 다음 날 새벽기도 담당이었기에 섬기던 교회로 향했습니다. 전철에서 내려 터벅터벅 교회를 향해 걸음을 재촉했습니다. 그때 갑자기 설명할 수 없는 방식으로 하나님의 음성이 내 마음에 울렸습니다.

"교회를 개척해라."

순간 마음이 멈췄습니다.

나도 모르게 이런 항변이 속에서 터져 나왔습니다.

"하나님, 대한민국 땅에 교회가 이렇게 많은데 또 교회를 개척해야 하나요? 이미 있는 교회들을 통해서도 충분히 하나님의 일을 하실 수 있잖아요?"

하나님은 아무 대답도 하지 않으셨습니다. 그리고 다음 주, 똑같은 시간, 똑같은 길을 걷고 있었습니다. 그때 다시 하나님의 음성이 들려왔습니다.

"3년 남았다."

그 말씀이 내 가슴을 파고들었습니다. 당시 내가 처한 현실은 말이 아니었습니다. 세 아이를 키워야 했고, 사모가 운영하는 약국 사정도 점점 어려워져 가고 있었습니다. 생활은 늘 빠듯해서 내일을 계산할 여유조차 없었습니다. 그렇다고 하나님의 말씀을 거역할 수 없었습니다. 그래서 순종하는 마음으로 기도했습니다.

"하나님, 그러면 교회 이름을 주세요. 그 이름을 붙들고 기도하며 준비하겠습니다."

그러자 곧바로 하나님이 이름을 주셨습니다.

"안디옥교회다."

그 후로 나는 매일 안디옥교회를 위해 기도했습니다. 보이는 것 없고 손에 잡히는 것 없었지만 기도를 멈출 수 없었습니다.

신학대학원을 졸업한 후, 나보다 먼저 교회를 개척한 동료 목사님 교회에서 함께 사역을 시작하게 되었습니다. 사역은 재미있었고 교회도 점점 성장했습니다. 1년쯤 지났을 무렵, 하나님이 독수리가 둥지를 헤쳐 버리듯 그 교회를 떠나게 하셨습니다. 사람의 말이나 감정 때문이 아니었습니다. 분명한 하나님의 손길이 느껴졌습니다. 그때부터 사모와 나는 본격적으로 개척을 위해 기도하기 시작했습니다. 집에서 가족과 예배드리기 시작했습니다. 매일 찬양하고, 말씀을 읽고, 부르짖어 기도했습니다. 그러자 예상치 못한 일이 일어났습니다. 윗집과 아랫집에서 항의가 들어온 것입니다. 그러나 그 불편함이 예배처를 위해 더 강렬하게 기도하라는 신호처럼 느껴졌습니다.

"하나님, 조용기 목사님은 천막을 치고 교회를 시작했다는데, 제게도 천막 칠 장소를 주시옵소서."

기도가 깊어질수록 시대가 달라졌다는 사실을 깨달았습니다. 기도의 방향을 바꾸었습니다.

"하나님, 예배드릴 수 있는 처소로 아파트 상가 40평을 주세요."

기도는 날이 갈수록 더 강렬해졌습니다. 저는 믿음으로 선포하며 기도했습니다.

"순복음안디옥교회는 아파트 상가 40평으로 이사하게 될지어다!"

집에서 예배한 지 3개월쯤 되었을 때, 국민일보 광고란에서 한 줄의 글이 눈에 들어왔습니다.

"아파트 상가 교회 임대"

전화 통화 후 찾아갔습니다. 보증금, 월세, 시설비까지 현실적으로는 무리였습니다. 그러나 계산하지 않고 믿음으로 결정했습니다. 계약한 곳은 40평이 아니라 45평이었습니다. 하나님은 언제나 구한 것보다 더 주시는 분입니다. 보증금도 시설비도 기적처럼 마련되었고, 마침내 교회가 시작되었습니다. 그날 이후, 매일 성전에 나와 기도했습니다. 텅 빈 예배당이었지만, 그곳은 하나님이 함께하시는 자리였기에 오직 감사뿐이었습니다.

하나님은 분명하게 말씀하시지만, 항상 모든 것을 설명해 주시지는 않습니다. 오랜 시간 침묵하실 때도 있습니다. 그러나 한 가지는 분명합니다. 하나님은 준비된 사람을 부르시는 것이 아니라 부르신 사람을 준비시킨다는 사실입니다. 기도할 때 구하는 기도도 필요하지만, 하나님이 주신 권세로 선포하는 기도가 필요합니다. 믿음으로 선포한 기도는 강력한 능력입니다.

특정한 장소에서의 선포기도는 강력하다

왕상 18:42 아합이 먹고 마시러 올라가니라 엘리야가 갈멜산 꼭대기로 올라가서 땅에 꿇어 엎드려 그의 얼굴을 무릎 사이에 넣고 엘리야는 기도하기 위해서 갈멜산 꼭대기에 올라갔습니다. 그곳은 엘리야 선지자가 늘 기도했던 특별한 장소입니다. 성경에 보면 특별한 장소들이 나옵니다. 아브라함이 이삭을 드렸던 모리아산에 예루살렘 성전이 세워집니다. 다윗의 고향 베들레헴에서 예수님이 태어나십니다. 하나님은 성전에 나와서 예배드리고 기도하는 것을 더 기뻐하십니다. 집에서, 사업장에서, 성전에 나와서 기도할 때 중 언제가 제일 강렬합니까? 성전에서 기도할 때 제일 은혜가 되고 제일 강렬합니다. 하나님은 특정한 장소를 소중히 여기십니다.

더 간절히 믿음으로 선포하라

누구나 선포기도를 쉽게 할 수 있다고 생각합니다. 그러나 선포기도는 매일 간절한 마음으로 기도하는 사람이 할 수 있습니다. 매일 하나님 앞에 간절히 기도하다 보면 권세가 생깁니다. 그 권세가 능력이 되어 나타납니다.

엘리야는 얼굴을 무릎 사이에 넣고 하나님 앞에 간절히 기도했습니다. 오랫동안 무릎을 꿇는 것도 쉬운 일이 아닙니다. 그런데 얼굴을 무릎 사이에 넣고 기도하다니 정말 간절히 기도한 것입니다. 필사적으로, 기름을 짜듯이 기도한 것입니다.

예수님이 기도하신 곳이 감람산입니다. 감람산은 올리브기름을 짜던 곳입니다. 예수님은 그곳에서 무릎을 꿇고 기름을 짜듯이 간절히 기도하셨습니다.

예수님은 겟세마네 동산에서 간절히 기도하셨습니다. 얼마나 간절하셨는지 땀이 땅에 떨어지는 핏방울같이 될 정도였습니다(눅 22:41-44). 기도는 간절히 집중해서 해야 합니다. 그래야 하나님이 응답해 주십니다. 기도하다가 전화 받고, 기도하다가 문자 넣고, 기도하다가 뉴스 검색하면 안 됩니다. 간절히 기도할 때 하나님이 권세를 부어 주십니다. 간절하게 기도한 후 선포하면 역사가 일어납니다.

왕상 18:43 그의 사환에게 이르되 올라가 바다 쪽을 바라보라 그가 올라가 바라보고 말하되 아무것도 없나이다 이르되 일곱 번까지 다시 가라

기도할 때 중요한 것은 응답을 기대하며 해야 한다는 것입니다. 엘리야는 비가 올 것을 기대했습니다. 엘리야는 믿음으로 비가 내릴 것을 선포하고 사환을 보내 비가 올 징조가 보이는지 확인하게 했습니다. 기도하면 반드시 하나님이 응답하십니다.

끈질기게 선포할 때 하늘이 열린다

엘리야의 기도는 끈기가 있었습니다. 엘리야는 일곱 번 선포하며 기도했습니다. 응답받는 기도를 드리는 사람의 특징은 '일곱 번'에 있습니다. 일곱은 상징적인 숫자입니다. 하나님의 숫자, 완전 숫자입니다. 그렇다고 일곱이라는 숫자에 의미를 두라는 말은 아닙니다. 끈기가 중요하다는 말입니다.

엘리야는 일곱 번까지 끈기 있게 기도해서 응답을 받았습니다. 기도는 끈질기게 하는 것입니다.

야곱이 형을 만났을 때 일곱 번 절합니다.

창 33:3-4　3 자기는 그들 앞에서 나아가되 몸을 일곱 번 땅에 굽히며 그의 형 에서에게 가까이 가니 4 에서가 달려와서 그를 맞이하여 안고 목을 어긋맞추어 그와 입맞추고 서로 우니라

엘리사 선지자는 나아만 장군이 찾아왔을 때 그가 요단강에 일곱 번 목욕하면 나병이 나을 것이라고 말했습니다(왕하 5:10). 엘리사의 말대로 나아만 장군이 요단강에 일곱 번 목욕을 한 후에 나병이 치료되었습니다. 여섯 번 가지고는 안 됩니다. 일곱 번을 채워야 기적이 일어납니다. 하나님은 끈기 있는 기도에 응답하십니다. 무슨 일을 하든지 쉽게 포기하면 안 됩니다. 포기하면 할 수 있는 일이 아무것도 없습니다. 기도하다 포기

하면 기도의 사람이 될 수 없습니다. 하나님은 살아 계시고 우리의 기도에 귀를 기울이십니다.

유명한 식품회사 사장님에게 아주 잘생기고 명문 대학을 다니는 아들이 있었습니다. 그가 입대한 후 첫 휴가를 나와 아버지 차를 몰고 나갔다가 사고로 식물인간이 되었습니다. 회복 가능성은 전혀 없었습니다.

섬기던 교회의 담임목사님이 와서 요한복음 5장 25절 말씀으로 설교해 주셨습니다.

"죽은 자들이 하나님의 아들의 음성을 들을 때가 오나니 곧 이때라 듣는 자는 살아나리라."

신앙 좋았던 사장님은 "듣는 자는 살아난다"는 말씀을 붙잡았습니다. 매일 아들의 귀에 대고 요한복음 5장 25절 말씀을 큰 소리로 읽어 주었습니다.

한 달, 두 달이 지나도 아들은 꿈쩍하지 않았습니다. 70일, 80일이 지나도, 85일, 86일이 되어도 그대로였습니다. 그런데 87일째 되는 날, 아버지가 큰 소리로 말씀을 읽을 때 아들의 눈에 초점이 돌아오고 의식이 회복되었습니다.

기도를 포기하지 마십시오. 우리의 기도는 헛되지 않습니다. 언젠가는 반드시 열매가 맺힙니다. 다윗이 25년 동안 성전을 짓게 해 달라고 기도했지만 25년 만에 받은 하나님의 응답은 "안 된다"였습니다. 그러나 그의 기도는 헛되지 않았습니다. 아들 솔로몬을 통해 아름다운 성전이 건축되었습니다. 기도의 실패는 인생의 실패입니다. 기도의 승리는 인생의 승리입니다. 기도의 승리는 끈질긴 기도, 권세 있는 기도를 통해 얻을 수 있습니다.

엘리야는 끈질긴 기도를 통해서 응답받았습니다. 엘리야의 기도로 하늘에서 큰비가 내렸습니다. 수많은 사람이 복을 받았습니다.

왕상 18:45-46 45 조금 후에 구름과 바람이 일어나서 하늘이 캄캄해지며 큰 비가 내리는지라 아합이 마차를 타고 이스르엘로 가니 46 여호와의 능력이 엘리야에게 임하매 그가 허리를 동이고 이스르엘로 들어가는 곳까지 아합 앞에서 달려갔더라

끈질기게 기도할 때 권세가 나타납니다. 하나님이 주신 권세를 활용해 믿음으로 선포하면 하늘이 열립니다. 엘리야처럼 믿음으로 기도하십시오. 끈질기게 기도하십시오. 선포하며 기도하십시오. 반드시 하늘 문이 열리고 기적이 일어납니다.

Q 선포기도를 했는데도 삶에 아무 변화가 없다면
   어떻게 해야 하나요?

A 선포기도를 했는데도 삶에 변화가 없을 때 낙심할 수
   있습니다. 그러나 몇 가지를 생각해 볼 필요가 있습
   니다.

   1) 선포 자체가 능력을 만드는 것은 아닙니다. 선포기도
   는 하나님을 신뢰하며 믿음을 표현하는 것이지만, 모든
   변화는 결국 하나님의 뜻과 때 안에서 이루어집니다.

   2) 기도는 선포만으로 끝나지 않습니다. 기도와 함께
   순종과 삶의 변화가 따라야 합니다. 하나님은 우리의
   말을 들으실 뿐 아니라 우리의 삶의 방향도 보십니다.

   3) 하나님의 시간은 사람의 시간과 다를 수 있습니다.

어떤 기도는 즉시 변화가 나타나지만, 어떤 기도는 시간 속에서 조금씩 이루어지기도 합니다.

기도는 현실을 억지로 바꾸는 주문이 아니라 하나님과 함께 삶이 변화되는 과정입니다. 그래서 선포기도 이후에도 말씀을 붙들고, 순종하며, 인내로 기도하는 것이 중요합니다.

서원
기도

: 꽉 막힌 인생에
새로운 돌파구를 연다

서원기도는 인생을 걸고 하는 기도다.
서원은 거래가 아니라 헌신을 위한 선언으로,
응답 이후를 미리 하나님께 드리는 책임 있는 기도다.

서원기도는 답답한 인생에 새로운 돌파구를 만들어 줍니다. 돌파구는 평탄한 길 위에서는 필요하지 않습니다. 길이 막히고 더 이상 앞으로 나아갈 수 없으며, 사람의 말이 위로가 되지 않고, 시간이 해결해 주지 않을 때 돌파구가 간절히 필요합니다.

야곱은 형의 축복을 가로챈 이후 그의 분노를 피해 외삼촌이 사는 밧단아람으로 도망칩니다. 한 번도 가본 적이 없는 길입니다. 벧엘에 이르렀을 때 해가 졌습니다. 캄캄한 밤에 아무도 없는 들판에서 홀로 노숙하는 야곱이 얼마나 두려웠을까요? 야곱은 들판에서 돌을 베개 삼아 누웠습니다.

'내가 살아서 외삼촌의 집에 도착할 수 있을까? 내가 살아서 집으로 돌아올 수 있을까?'

수많은 생각들이 잠을 설치게 했을 것입니다. 야곱이 잠들었을 때 하나님이 꿈을 열어 주셨습니다.

창 28:12-15 12 꿈에 본즉 사닥다리가 땅 위에 서 있는데 그 꼭대기가 하늘에 닿았고 또 본즉 하나님의 사자들이 그 위에서 오르락내리락 하고 13 또 본즉 여호와께서 그 위에 서서 이르시되 나는 여호와니 너의 조부 아브라함의 하나님이요 이삭의 하나님이라 네가 누워 있는 땅을 내가 너와 네 자손에게 주리니 14 네 자손이 땅의 티끌같이 되어 네가 서쪽과 동쪽과 북쪽과 남쪽으로 퍼져나갈지며 땅의 모든 족속이 너와 네 자손으로 말미암아 복을 받으리라 15 내가 너와 함께 있어 네가 어디로 가든지 너를 지키며 너를 이끌어 이 땅으로 돌아

오게 할지라 내가 네게 허락한 것을 다 이루기까지 너를 떠나지 아
니하리라 하신지라

하나님이 야곱에게 "네가 어디로 가든지 너를 지키며 너를
이끌어 이 땅으로 돌아오게 할지라" 말씀해 주셨습니다.

지금 야곱은 답답합니다. 한 치 앞의 길도 보이지 않습니다.
미래에 대한 두려움과 염려가 가득합니다. 그런데 하나님이
함께해 주겠다고 약속하신 것입니다. 잠이 깬 야곱은 감격하
여 하나님 앞에 서원하며 기도했습니다.

창 28:20-22 20 야곱이 서원하여 이르되 하나님이 나와 함께 계셔서
내가 가는 이 길에서 나를 지키시고 먹을 떡과 입을 옷을 주시어 21
내가 평안히 아버지 집으로 돌아가게 하시오면 여호와께서 나의 하
나님이 되실 것이요 22 내가 기둥으로 세운 이 돌이 하나님의 집이
될 것이요 하나님께서 내게 주신 모든 것에서 십분의 일을 내가 반
드시 하나님께 드리겠나이다 하였더라

야곱은 하나님이 자신을 지켜 주시고, 먹을 양식과 입을 옷
을 주시며, 아버지의 집으로 평안히 돌아오게 해 주시면 하나
님께 세 가지를 드리겠다고 서원했습니다.

첫째, 여호와를 자신의 하나님으로 섬기겠다고 고백했습니
다. 둘째, 자신이 기둥으로 세운 이 돌이 하나님의 집이 될 것

이라고 약속했습니다. 셋째, 하나님이 주신 모든 것 가운데 반드시 십분의 일을 하나님께 드리겠다고 서원했습니다. 이 서원기도 이후 야곱은 더 이상 두려움에 머물러 있지 않았습니다. 하나님이 그의 삶에 새로운 돌파구를 열어 주셨기 때문입니다.

야곱은 외삼촌 라반의 집에 무사히 도착했고, 그곳에서 네 아내와 열두 자녀를 둡니다. 야곱은 20년 동안 머물렀는데, 처음 14년은 아내를 얻기 위해 품삯 없이 봉사했습니다. 이후 6년 동안 하나님이 큰 복을 내려 주셔서 많은 재산을 가진 거부가 되었습니다. 야곱의 인생에서 가장 암울한 시기에 드렸던 서원기도는 강력한 능력이 되어 야곱의 인생에 새로운 길을 열어 주었습니다.

에브라임 산지에 사는 엘가나는 레위 족속으로 믿음의 소유자요 부유한 사람이었습니다. 엘가나에게는 두 아내가 있었는데 한나와 브닌나입니다. 브닌나에게는 아들이 있었으나 한나는 자녀를 낳지 못했습니다. 엘가나는 브닌나보다 한나를 더 아끼고 사랑했습니다. 그녀에게 재물의 분깃을 갑절이나 주었습니다. 이로 인해 브닌나가 한나를 시기하며 괴롭히고 격동시켰습니다(삼상 1:7-8). 당시 근동에서는 여인이 자식을 낳지 못하면 저주받은 것으로 여겼습니다. 브닌나는 한나를 향해 "하나님께 저주 받은 여자"라고 말하며 상처를 주었습니다.

한나는 분하고 억울한 마음이 컸지만 브닌나와 다투며 맞서

지 않았습니다. 대신 한나가 선택한 것이 기도였습니다. 한나는 혈과 육으로 싸우지 않고, 하나님 앞에서 영적인 싸움을 시작했습니다.

한나가 브닌나와 더불어 싸우는 편을 선택했다면 비천해졌을지도 모릅니다. 한나는 자신의 원통함을 하나님께 올려 드렸습니다. 사람들에게 호소하지 않았습니다. 남편에게 브닌나의 만행을 말하지도 않고 오직 하나님께 기도했습니다. 한나는 그 한을 가지고 하나님께 나아갔습니다.

삼상 1:9-11 9 그들이 실로에서 먹고 마신 후에 한나가 일어나니 그때에 제사장 엘리는 여호와의 전 문설주 곁 의자에 앉아 있었더라 10 한나가 마음이 괴로워서 여호와께 기도하고 통곡하며 11 서원하여 이르되 만군의 여호와여 만일 주의 여종의 고통을 돌보시고 나를 기억하사 주의 여종을 잊지 아니하시고 주의 여종에게 아들을 주시면 내가 그의 평생에 그를 여호와께 드리고 삭도를 그의 머리에 대지 아니하겠나이다

한나는 하나님 앞에 서원하며 기도했습니다. 그 결과 그의 간절한 소원이 성취되는 축복을 받았습니다. 소원이 있는 사람은 기도합니다. 꿈이 있고 목표가 있는 사람은 기도합니다.

간절한 소원은 새로운 길을 여는 능력이다

소원을 품은 사람은 눈빛이 다릅니다. 삶을 대하는 자세가 다릅니다. 소원은 강렬한 능력입니다. 하나님은 우리가 소원을 품기 원하십니다. 하나님은 우리의 소원을 따라 일하십니다.

> **빌 2:13** 너희 안에서 행하시는 이는 하나님이시니 자기의 기쁘신 뜻을 위하여 너희에게 소원을 두고 행하게 하시나니

김 권사님은 이북 출신입니다. 남편이 6.25 때 어린 자식 다섯 명을 남기고 죽었습니다. 권사님은 아이들을 데리고 월남했습니다. 남한에 아는 사람이 아무도 없었습니다. 권사님은 하나님만 의지했습니다. 낮에는 일하고 밤에는 하나님께 나아가서 다섯 자녀를 위해 밤낮으로 간절히 기도했습니다.

"하나님, 저는 우리 아이들을 먹일 수도, 입힐 수도, 가르칠 수도 없는 연약한 여자입니다. 그러니 하나님이 우리 아이들을 키워 주십시오. 첫째 아들에게는 솔로몬 같은 지혜를 주시고, 둘째 아들은 다윗과 같은 장군이 되게 하시고, 셋째 딸은 에스더같이 이웃을 살리는 딸이 되게 하여 주십시오. 넷째는 누가와 같은 의사가 되게 해 주시고, 막내는 바울과 같은 하나님의 종이 되게 하옵소서."

권사님은 밤마다 교회에 나가 하나님 앞에 기도했습니다.

169

10년, 20년, 30년, 40년의 세월이 흘렀습니다. 다섯 명의 자녀 모두 어머니의 눈물 어린 기도 때문에 복을 받았습니다. 첫째 아들은 경영학 박사가 되어 현재 유명 대학의 교수로 활동하고 있습니다. 둘째 아들은 대한민국 정보국 사령관이 되었습니다. 셋째 딸은 대사업가인 남편을 만나 동생들 뒷바라지를 하고 어머니에게 집까지 마련해 주었습니다. 넷째는 의사가 되었습니다. 막내는 바울과 같이 복음을 전하는 목사가 되었습니다. 강렬한 소원을 가지고 기도하니 하나님이 응답해 주신 것입니다.

권사님이 평생 눈물로 드린 기도는 단지 자녀들의 성공만을 위한 기도가 아니었습니다. 하나님이 맡기신 삶의 자리에서 하나님을 영화롭게 하고, 사람을 살리는 삶을 살게 해달라는 기도였습니다. 그 기도는 세월 속에서 풍성한 열매를 맺어 자녀들의 삶을 통해 많은 사람에게 선한 영향력으로 흘러들어가게 되었습니다.

소원이 간절해지기 위해서는 한 가지에 집중해야 합니다. 한나의 소원은 브닌나가 괴롭히고 격동시킬 때 더욱 강렬해졌습니다.

삼상 1:10 한나가 마음이 괴로워서 여호와께 기도하고 통곡하며

한나는 그의 소원을 이루기 위해 하나님 앞에 엎드려 기도

했습니다. 소원을 성취하고 싶다면 기도의 대가를 지불해야 합니다.

삼상 1:5b 그러나 여호와께서 그에게 임신하지 못하게 하시니

한나의 태를 닫으신 분은 하나님이십니다. 한나는 하나님이 태를 열어 주시면 아이를 낳을 수 있다고 믿었습니다. 그래서 하나님 앞에 엎드려 통곡하며 기도했습니다. 하나님은 당신의 백성이 눈물 흘리며 기도할 때 주목하여 들으십니다. 통곡하는 기도는 하나님의 마음을 움직입니다.

몰입하여 부르짖는 기도가 응답받는다

삼상 1:12-16 12 그가 여호와 앞에 오래 기도하는 동안에 엘리가 그의 입을 주목한즉 13 한나가 속으로 말하매 입술만 움직이고 음성은 들리지 아니하므로 엘리는 그가 취한 줄로 생각한지라 14 엘리가 그에게 이르되 네가 언제까지 취하여 있겠느냐 포도주를 끊으라 하니 15 한나가 대답하여 이르되 내 주여 그렇지 아니하니이다 나는 마음이 슬픈 여자라 포도주나 독주를 마신 것이 아니요 여호와 앞에 내 심정을 통한 것뿐이오니 16 당신의 여종을 악한 여자로 여기지 마옵소서 내가 지금까지 말한 것은 나의 원통함과 격분됨이 많기 때문이니

한나는 원한 맺힌 과부처럼 하나님께 부르짖었습니다. 통곡하며 기도했던 한나의 기도는 점점 더 깊어지면서 몰입의 단계에 들어갔습니다. 기도 시간이 길어지면서 나중에는 입술만 움직였습니다. 간절히 기도하다 보면 목소리가 나오지 않고 눈물 콧물만 쏟아져 나올 때가 있습니다. 그녀의 마음은 불붙는 것 같았지만 육체의 힘이 전부 빠져나가 신음하며 기도했습니다. 그녀는 기도를 포기하지 않았습니다. 엘리 제사장이 한나가 기도하는 모습을 보고 술 취한 여자가 술주정하는 줄로 생각할 정도였습니다.

한나가 하나님께 몰입해서 기도할 때 입술이 동했습니다. 하나님 앞에 자신의 마음을 통하고 있는 것입니다. 기도가 몰입의 단계에 들어갔습니다. 기도의 줄이 잡힌 것입니다. 깊은 기도 속에 빠져들어 간 것입니다. 기도는 몰입할 수 있는 단계까지 들어가야 응답을 받습니다.

중세 시대, 깊은 산속 수도원에 살던 수도사 부루노가 산에서 기도하고 있었습니다. 그런데 주변에서 울어 대는 개구리 소리 때문에 몹시 시끄러워 기도에 집중하기가 어려웠습니다. 견디다 못한 부루노가 창문을 열고 "시끄럽다, 개구리들아! 조용히 해!"라고 소리쳤습니다. 그러자 잠시 조용해지는 듯하다가 언덕 너머의 잠자던 개구리까지 울어 댔습니다. 개구리 소리 때문에 집중할 수 없어서 하나님께 기도했습니다.

"하나님, 저 개구리들 때문에 기도가 안 됩니다. 저 개구리들 좀 어떻게 해 주세요."

그때 마음속에 하나님의 음성이 들려왔습니다.

"부루노야, 개구리도 기도하고 찬양하고 있단다. 개구리들과 같이 기도해라."

그 음성을 듣자 수도사는 창문을 열고 신나게 같이 기도했다고 합니다. 기도를 방해하는 것은 없습니다. 더 집중하면 됩니다. 하나님께만 집중하면 몰입의 단계에 들어갈 수 있습니다.

서원기도를 하면 길이 보인다

삼상 1:11 서원하여 이르되 만군의 여호와여 만일 주의 여종의 고통을 돌보시고 나를 기억하사 주의 여종을 잊지 아니하시고 주의 여종에게 아들을 주시면 내가 그의 평생에 그를 여호와께 드리고 삭도를 그의 머리에 대지 아니하겠나이다

한나는 깊은 기도를 드리는 가운데 하나님의 뜻을 깨닫습니다. 한나는 아들을 낳으면 하나님께 드리겠다고 서원합니다. 하나님이 그 기도를 들으셨습니다. 그리고 한나가 집에 가서 남편과 함께할 때 그녀를 생각해 주셨습니다. 한나의 기도는

응답되었습니다. 그녀는 그렇게도 갖기 원했던 아들을 낳았습니다(삼상 1:19-20). 하나님이 생각하시고 기억하시면 놀라운 일이 일어납니다.

한나는 자신이 서원한 대로 그 사랑하는 아들이 젖을 떼자마자 하나님의 성소로 보냅니다. 그리고 아들과 함께 감사의 예물을 드렸습니다. 수소 세 마리와 가루 한 에바와 포도주 한 가죽부대를 함께 드렸습니다. 그녀는 아들의 평생을 하나님께 드렸습니다(삼상 1:24-28). 기도하는 것도 중요하지만 하나님과의 약속을 지키는 것은 더욱 중요합니다.

어떤 사람들은 기도 응답을 받은 후에는 하나님과의 약속을 지키지 않습니다. 우리는 함부로 서원하지 말아야 합니다. 쉽게 서원하면 그것 때문에 어려운 일을 당할 수도 있습니다.

전 5:6 네 입으로 네 육체가 범죄하게 하지 말라 사자 앞에서 내가 서원한 것이 실수라고 말하지 말라 어찌 하나님께서 네 목소리로 말미암아 진노하사 네 손으로 한 것을 멸하시게 하랴

한나처럼 정말 확신 중에 서원했다면 신속하게 갚아야 합니다. 서원을 해 놓고 갚기를 더디 하면 죄가 됩니다(신 23:21-23). 한나는 약속대로 아들을 하나님께 바쳤습니다. 참으로 위대한 신앙입니다. 그 아들이 성장하여 이스라엘의 위대한 선지자 사무엘이 되었습니다.

그 후 한나는 3남 2녀의 축복을 받았습니다.

삼상 2:21 여호와께서 한나를 돌보시사 그로 하여금 임신하여 세 아들과 두 딸을 낳게 하셨고 아이 사무엘은 여호와 앞에서 자라니라

하나님은 한 아들을 드리면 다섯을 주시는 분입니다. 답답한 상황에서 서원하며 기도하면 새로운 길이 보입니다. 눈물로 서원하며 기도했던 한나는 슬픔이 변하여 기쁨이 되는 은혜를 경험했습니다.

하나님은 한나의 서원기도를 통해 암울했던 사사 시대를 마무리했습니다. 한나의 기도를 통해 태어난 사무엘은 이스라엘의 영적 침체를 끝냈습니다. 그는 사사 시대에서 왕정 시대로 넘어가는 문을 열었습니다. 사울과 다윗에게 기름 부은 선지자가 되었습니다. 한 사람의 서원기도가 한 가정의 문제를 넘어 한 민족의 미래를 바꾸었습니다.

기도하는 사람에게는 희망이 있다

제2차 세계대전 때 헤럴드 러셀은 미 육군 공수부대에서 훈련을 받던 중 수류탄 사고로 양손을 잃어버렸습니다. 불구가 된 러셀은 하나님 앞에 기도합니다.

"하나님, 나는 쓸모없는 사람이 됐습니다. 나를 왜 살려 두셨습니까?"

처음에는 원망과 불평의 기도를 했습니다. 원망과 불평의 기도는 아무것도 변화시키지 못했습니다. 그래서 마음을 바꾸고 "하나님, 나를 불쌍히 여겨 주옵소서" 하고 매일 기도했습니다. 그때 하나님의 음성이 들렸습니다.

"사랑하는 아들아, 두 손을 잃어서 그렇게 마음이 아프냐? 나는 너를 위해서 내 아들 예수를 십자가에 못 박아 죽게 했다. 그리고 이 전쟁에서 죽은 사람도 많다. 너는 살았고 잃은 것보다 남은 것이 아직도 많지 않느냐."

러셀은 이 말씀을 듣고 예수님을 깊이 생각했습니다. 예수님은 자신 같은 죄인을 위해 죽으셨습니다. 그리고 자신에게는 아직 생명이 있습니다. 볼 수 있는 두 눈이 있고, 들을 수 있는 두 귀가 있고, 걸을 수 있는 두 발이 있습니다. 정말 잃은 것보다 남은 것이 훨씬 많았습니다.

러셀은 의사를 찾아가 잃어버린 두 손을 대신할 의수를 만들었습니다. 미 정부가 제작한 재활 교육 영화에 출연하게 되었고, 그 모습을 본 감독 윌리엄 와일러가 그를 영화에 캐스팅했습니다.

그가 출연한 작품이 바로 1946년 영화 <우리 생애 최고의 해>(The Best Years of Our Lives)입니다. 이 영화에서 그는 자신과 비슷하게 양손을 잃은 퇴역 군인 호머 패리시 역을 연기했습니다.

러셀은 이 영화로 아카데미 남우조연상과 특별상을 동시에 수상했습니다. 그는 전문 배우가 아니었지만, 자신의 실제 경험을 바탕으로 깊은 감동을 전했고, 전쟁 이후 절망에 빠진 많은 사람에게 희망을 주었습니다.

Q 집회 중에 서원기도를 드렸습니다. 그런데 다음날 생각해 보니 그날 너무 감정이 격해져서 그런 기도를 드린 것 같다는 생각이 들어요. 이러한 서원기도라도 지켜야 하나요? 취소하려면 어떻게 해야 하지요?

A 이런 경우 성경은 두 가지 균형을 함께 말합니다.

1) 서원을 가볍게 여기지 말라고 말씀합니다.

전 5:4-5 4 네가 하나님께 서원하였거든 갚기를 더디게 하지 말라 하나님은 우매한 자들을 기뻐하지 아니하시나니 서원한 것을 갚으라 5 서원하고 갚지 아니하는 것보다 서원하지 아니하는 것이 더 나으니

2) 감정적 서원을 했다면,
이 경우는 하나님도 이해하십니다.

잠 20:25 함부로 이 물건은 거룩하다 하여 서원하고 그 후에 살피면 그것이 그 사람에게 덫이 되느니라

이럴 때는 이렇게 하면 좋습니다.

- 하나님께 솔직히 말씀드리십시오.

- 지킬 수 있다면 감사함으로 지키십시오.

- 지키기 어렵다면 하나님께 정중히 내려놓으십시오.

성경적으로 건강한 서원기도

1) 하나님을 향한 사랑에서 시작되는 서원

2) 지킬 수 있는 서원

3) 하나님이 기뻐하시는 서원

중보
기도

: 무너진 자리에 서서
하나님께 매달리는 결단

중보기도는 다른 사람의 짐을 대신 지는 기도다.
중보는 영적 어깨를 빌려 주는 것으로,
사랑의 최고 표현이다.

중보기도는 하나님의 뜻을 돌이키게 하는 능력 기도입니다. 성경 공부와 사역도 중요하지만 기도가 없으면 성령의 역사는 일어나지 않습니다.

대한민국 교회의 축복은 새벽기도, 철야기도에 있습니다. 우리 믿음의 선배들은 기도의 사람들이었습니다. 이른 새벽을 깨우고 긴 밤을 지새우며 기도했습니다. 그 결과 삼천리 방방곡곡에 교회가 세워졌고 놀라운 성령의 역사가 일어났습니다.

대신 기도의 자리에 서는 것이다

중보기도는 어떤 사람을 대신해 하나님께 나아가는 것입니다. 그의 아픔과 고통, 슬픔을 품고 하나님 앞에 서는 기도입니다. 하나님과 사람 사이에 서서 대신 간구하는 것이 중보기도입니다. 그 사람이 기도하지 못할 때 내가 그 자리를 지키는 것입니다. 믿음이 약해진 이의 곁에 서고, 기도를 잃어버린 사람을 대신해 하나님 앞에 서는 것이 중보기도입니다.

사무엘상 7장을 보면, 이스라엘의 사사인 사무엘이 모든 백성을 미스바에 모이게 했습니다. 그리고 하나님 앞에 금식하며 그들의 불신앙을 회개했습니다. 이 소식을 들은 블레셋이 군대를 이끌고 쳐들어왔습니다.

그때 이스라엘 백성들이 사무엘에게 말합니다.

삼상 7:8 …당신은 우리를 위하여 우리 하나님 여호와께 쉬지 말고 부르짖어 우리를 블레셋 사람들의 손에서 구원하시게 하소서

사무엘은 하나님 앞에 나아가 기도했습니다. 그때 하나님이 하늘에서 큰 우레를 내렸습니다. 천둥이 치고 엄청난 비가 내렸습니다. 블레셋 군대는 혼비백산해서 도망쳤습니다. 그때 이스라엘 백성들이 군대를 이끌고 나가 블레셋 군대를 완전히 진멸했습니다.

민수기 14장은 열두 명의 정탐꾼이 가나안 땅을 정탐하고 난 후에 보고하는 과정에서 생긴 사건을 기록했습니다. 열 명의 정탐꾼은 가나안 땅을 악평했습니다. 거민들을 삼키는 땅이고, 거인들이 살며, 자신들은 그들 앞에 메뚜기 같다는 것입니다. 그러나 여호수아와 갈렙은 달랐습니다. 그 땅은 아름답고 젖과 꿀이 흐르는 땅이며 우리가 당장에라도 올라가서 취할 수 있다고 했습니다. 그들은 똑같은 땅과 똑같은 사람들을 보았습니다. 그런데 무엇이 이렇게 큰 차이를 만들었을까요? 관점입니다. 열 명의 정탐꾼은 사람의 눈으로 가나안 땅을 보았습니다. 그러자 문제만 보였습니다. 그러나 여호수아와 갈렙은 하나님의 눈으로 가나안 땅을 보았습니다. 그러자 젖과 꿀이 흐르는 축복의 땅으로 보였습니다.

놀라운 사실은 이스라엘 백성이 여호수아와 갈렙의 보고를 듣고 신뢰한 것이 아니라 열 명의 정탐꾼의 부정적인 말을 듣

고 절망했다는 것입니다. 그들은 밤새도록 통곡하고 하나님을 원망했습니다.

> 민 14:1-3 1 온 회중이 소리를 높여 부르짖으며 백성이 밤새도록 통곡하였더라 2 이스라엘 자손이 다 모세와 아론을 원망하며 온 회중이 그들에게 이르되 우리가 애굽 땅에서 죽었거나 이 광야에서 죽었으면 좋았을 것을 3 어찌하여 여호와가 우리를 그 땅으로 인도하여 칼에 쓰러지게 하려 하는가 우리 처자가 사로잡히리니 애굽으로 돌아가는 것이 낫지 아니하랴

부정적인 생각이나 말의 전염성이 더 강합니다. 백성은 다시 애굽으로 돌아가자고 말합니다. 한두 번이 아닙니다. 문제만 만나면 남 탓하고 다시 애굽으로 돌아가서 그들의 노예로 살겠다고 합니다.

하나님이 이렇게 원망하는 이스라엘 백성의 말을 듣고 진노하셨습니다. 하나님이 모세에게 말씀합니다.

> 민 14:11-12 11 여호와께서 모세에게 이르시되 이 백성이 어느 때까지 나를 멸시하겠느냐 내가 그들 중에 많은 이적을 행하였으나 어느 때까지 나를 믿지 않겠느냐 12 내가 전염병으로 그들을 쳐서 멸하고 네게 그들보다 크고 강한 나라를 이루게 하리라

이 백성을 모두 멸하고 모세를 통해 더 크고 강한 나라를 이루시겠다니, 모세의 입장에서는 상당히 좋은 제안입니다. 그런데 모세는 엄청난 충격을 받습니다. 하나님 앞에 엎드려 이스라엘 백성을 위해 중보하며 기도하기 시작합니다.

대신 호소하는 것이다

모세는 하나님과 이스라엘 백성 중간에 서서 기도했습니다. 중간에 서는 사람이 중보자입니다. 모세는 자신의 친어머니 요게벳과 그를 입양한 바로의 공주 사이에서 살았습니다. 지금은 이스라엘 민족을 진멸하시려는 하나님과 원망과 불평을 일삼는 이스라엘 백성 사이에 서 있습니다. 모세는 중보자의 마음을 가지고 하나님과 이스라엘 사이에 서서 이스라엘 백성들을 용서해 달라고 기도했습니다(민 14:13-19).

하나님이 모세에게 이런 제안을 하신 적이 또 한 번 있습니다. 모세가 하나님의 율법을 받기 위해 시내산에 올라갔을 때입니다. 모세가 40일 동안 금식하며 하나님의 말씀을 받고 있을 때, 이스라엘 백성은 모세가 내려오지 않자 두려움에 사로잡혔습니다. 그들은 시내산 아래에서 금송아지를 만들고, 그것이 자신들을 애굽에서 인도해 낸 여호와 하나님이라고 말했습니다. 이 일로 하나님은 진노하셨습니다. '아, 이 백성으로는 안 되겠구나' 생각하신 것입니다. 그래서 모세에게 이 백성을 진멸하고, 대신 그를 통해 큰 나라를 이루겠다고 말씀하셨습니다(출 32:9-10).

하나님은 이스라엘 백성들의 계속된 원망과 불신앙에 진절 머리가 나셨습니다. 그래서 진멸해 버리겠다고 하셨습니다. 이때 모세는 하나님 앞에 무릎을 꿇고 이스라엘 백성을 위해서 중보기도 했습니다.

> 민 14:13-16 13 모세가 여호와께 여짜오되 애굽인 중에서 주의 능력으로 이 백성을 인도하여 내셨거늘 그리하시면 그들이 듣고 14 이 땅 거주민에게 전하리이다 주 여호와께서 이 백성 중에 계심을 그들도 들었으니 곧 주 여호와께서 대면하여 보이시며 주의 구름이 그들 위에 섰으며 주께서 낮에는 구름 기둥 가운데에서, 밤에는 불 기둥 가운데에서 그들 앞에 행하시는 것이니이다 15 이제 주께서 이 백성을 하나 같이 죽이시면 주의 명성을 들은 여러 나라가 말하여 이르기를 16 여호와가 이 백성에게 주기로 맹세한 땅에 인도할 능력이 없었으므로 광야에서 죽였다 하리이다

모세는 하나님께 이스라엘 백성들을 진멸하시면 안 된다고 호소합니다. 모세는 하나님께 간곡히 중보하며 기도했습니다. 금송아지 사건에서도 모세는 똑같이 기도했습니다.

출 32:11-12 11 모세가 그의 하나님 여호와께 구하여 이르되 여호와여 어찌하여 그 큰 권능과 강한 손으로 애굽 땅에서 인도하여 내신 주의 백성에게 진노하시나이까 12 어찌하여 애굽 사람들이 이르기를 여호와가 자기의 백성을 산에서 죽이고 지면에서 진멸하려는 악한 의도로 인도해 내었다고 말하게 하시려 하나이까 주의 맹렬한 노를 그치시고 뜻을 돌이키사 주의 백성에게 이 화를 내리지 마옵소서

모세가 하나님과 대면해서 기도하고 있습니다. 모세가 하나님을 설득하다 못해 가르치는 것 같습니다. 모세는 대단한 사람입니다.

하나님의 신실하심에 호소하는 것이다

모세는 하나님이 하신 말씀을 상기하며 기도했습니다. "하나님, 일찍이 우리 조상과 약속하지 않으셨습니까? 하나님은 언약을 지키시는 분이 아니십니까? 이제 용서해 주시고 이 백성을 약속의 땅으로 인도해 주십시오. 여기서 진멸하시면 안 됩니다."

그뿐만이 아닙니다. 모세는 금송아지 우상을 만든 이스라엘 백성을 위해 다시 하나님 앞으로 나아갑니다. 급기야 죄를 사하지 않으시겠다면 자기 이름을 생명책에서 지워 달라고 기도

186

합니다(출 32:32).

　모세는 자신의 생명을 걸고 이스라엘을 위해 중보하며 기도했습니다. 때로는 이런 기도도 필요합니다. 자녀들을 위해서 기도할 때 "하나님, 우리 아이가 이런 죄를 범했는데 죄는 저에게 돌리시옵소서. 그러나 저 아이는 용서하시고 복을 내려 주십시오. 저주는 제가 받겠습니다" 하는 기도가 하나님의 마음을 움직입니다. 이런 기도가 한 사람의 인생을 변화시킵니다.

　하나님의 신실하심에 의지해 간절히 기도한 모세에게 하나님이 져 주십니다.

　출 32:14　여호와께서 뜻을 돌이키사 말씀하신 화를 그 백성에게 내리지 아니하시니라

　이 사건을 통해 하나님은 모세에게 하나님의 성품을 보여 주십니다.

　출 34:6-7　6 여호와께서 그의 앞으로 지나시며 선포하시되 여호와라 여호와라 자비롭고 은혜롭고 노하기를 더디하고 인자와 진실이 많은 하나님이라 7 인자를 천대까지 베풀며 악과 과실과 죄를 용서하리라 그러나 벌을 면제하지는 아니하고 아버지의 악행을 자손 삼사대까지 보응하리라

하나님은 은혜롭고 자비하시며 인자와 진실이 많으십니다. 인자를 천대까지 베푸십니다. 그러나 벌은 면제하지 않으십니다. 아버지의 악행을 삼사 대까지 갚겠다고 하십니다. 우리는 벌을 내리신다는 말을 듣기가 너무 힘듭니다.

똑같은 문제가 민수기 14장에도 나옵니다. 모세는 이번에도 똑같이 하나님이 하신 말씀을 상기시키면서 기도합니다.

> 민 14:17-18 17 이제 구하옵나니 이미 말씀하신 대로 주의 큰 권능을 나타내옵소서 이르시기를 18 여호와는 노하기를 더디하시고 인자가 많아 죄악과 허물을 사하시나 형벌 받을 자는 결단코 사하지 아니하시고 아버지의 죄악을 자식에게 갚아 삼사대까지 이르게 하리라 하셨나이다

하나님은 인자는 천대까지, 아버지의 죄악은 삼사 대까지 이르게 한다고 하십니다. 그런데 이것이 모세의 마음에 걸렸습니다. 아버지의 죄악을 삼사 대까지 갚으면 다 죽습니다. 그래서 모세는 하나님의 인자하심에 초점을 맞추어 기도합니다. "하나님은 정의롭습니다. 그렇지만 하나님은 자비로우십니다. 하나님, 이 백성의 죄를 용서해 주십시오."

> 민 14:19 구하옵나니 주의 인자의 광대하심을 따라 이 백성의 죄악을 사하시되 애굽에서부터 지금까지 이 백성을 사하신 것같이 사하

시옵소서

모세는 하나님 앞에 두 가지를 요청하며 기도했습니다. 하나는 이스라엘 백성에게 자비와 긍휼을 베풀어 달라는 것이고, 두 번째는 정의와 심판을 거두어 달라는 것입니다.

하나님은 놀랍게도 모세의 기도를 들어주십니다.

민14:20 여호와께서 이르시되 내가 네 말대로 사하노라

모세가 백성을 대신해 중보하며 기도했을 때 하나님이 뜻을 돌이키셔서 심판을 철회하셨습니다. 모세의 중보기도가 하나님의 마음을 움직인 것입니다.

얼마 전 주일 아침이었습니다. 사역을 준비하려는 시간에 지방회 단톡방에 한 메시지가 올라왔습니다. 지방회 목사님 한 분이 주일 새벽 부정맥으로 의식을 잃고 응급실에 실려 갔다는 소식이었습니다. 그 글을 읽는 순간 마음이 철렁 내려앉았습니다. 남 일 같지가 않았습니다. 목회자의 삶을 살아가는 우리는 서로의 상황을 너무도 잘 알기 때문입니다. 많은 신자를 목양한다고 하지만 우리는 연약하고, 사역 속에서 자신도 모르게 한계에 이르기도 합니다.

그 소식을 접한 순간 깊은 곳에서 간절한 기도가 터져 나왔습니다.

"하나님, 당신의 종을 붙잡아 주십시오. 생명의 주관자는 오직 하나님이심을 보여 주십시오."

잠깐의 기도가 아니었습니다. 마음이 계속 그 목사님에게 향하고 있었습니다. 주일 사역을 마친 그날 밤, 다시 성전으로 갔습니다. 불이 꺼진 예배당, 조용한 성전 안에서 하나님 앞에 무릎을 꿇고 그 목사님을 위해 간절히 기도했습니다.

"주님, 목사님을 살려 주십시오. 당신의 종을 붙들어 주십시오."

그다음 날 단톡방에 또 하나의 소식이 올라왔습니다. 부천에 있는 심장 전문병원으로 옮겨 응급수술을 받고 있는데 상태가 매우 위험하다는 내용이었습니다. 기도는 더 간절해졌습니다.

그날부터 집중해서 중보기도하기 시작했습니다. 새벽기도 시간에도, 오전에도, 오후에도, 시간이 날 때마다 하나님께 부르짖었습니다.

"주님, 당신의 종을 살려 주십시오. 교회가 그 목사님을 필요로 합니다. 하나님이 역사해 주십시오."

중보기도는 이상합니다. 기도할수록 그 사람의 일이 내 일처럼 느껴집니다. 기도를 계속할수록 마음이 더욱 간절해졌습니다. 그렇게 나흘째가 되었을 때, 하나님이 꿈을 보여 주셨습니다. 꿈 속에서 그 목사님이 환한 얼굴로 서 있었습니다. 그리고 동료 목사님들과 함께 밝은 얼굴로 교제하고 있었습니다. 병상에 있는 환자의 모습이 아니었습니다. 얼굴은 평안해 보였고, 표정에는 생기가 있었습니다. 그 모습을 보는 순간 마음속에 확실한 믿음이 들어왔습니다.

'아… 하나님께서 살려 주시는구나.'

꿈을 꾸고 며칠이 지났을 때 목사님께 전화를 걸어 보았습니다. 그러나 전화를 받을 수 없는 상태였는지 받지 않았습니다. 그래서 SNS로 짧은 메시지를 남겼습니다.

"목사님, 기도하고 있습니다."

얼마 후 짧은 답장이 왔습니다.

"고맙습니다."

짧은 문자였지만 그 안에 생명의 기운이 느껴졌습니다. 그리고 며칠 후 나는 직접 목사님의 건강한 모습을 보게 되었습니다. 그 순간 마음속에서 이런 고백이 터져 나왔습니다.

"하나님이 우리의 기도를 들으셨구나."

성경은 이렇게 말씀합니다.

약 5:16 의인의 간구는 역사하는 힘이 큼이니라

중보기도는 사람을 살리는 기도입니다. 중보기도는 하나님의 능력이 흐르는 통로입니다. 우리는 때로 문제 때문에 기도합니다. 그러나 하나님은 다른 사람을 위해 드리는 중보기도를 통해서도 놀라운 일을 행하십니다.

그 목사님을 위해 기도했던 시간은 내게도 큰 깨달음을 주었습니다. 우리는 서로를 위해 기도하도록 부름 받은 공동체라는 사실입니다.

모세는 하나님 앞에 중보기도를 드린 후에 이스라엘 백성에게 분명한 그들의 정체성을 심어 줍니다. 정체성(正體性, identity)이 무엇입니까? '어떤 존재가 본질적으로 가지고 있는 특성'을 말합니다. 이스라엘 백성은 하나님의 은혜로 애굽의 종살이에서 해방되었습니다. 이제 더 이상 애굽의 종이 아닙니다. 그런데 백성들은 아직도 종의 정체성에서 벗어나지 못했습니다. 그래서 문제만 생기면 애굽으로 돌아가자고 말했습니다.

출애굽함으로써 이스라엘 백성의 신분이 변화되었습니다. 하나님의 소유, 제사장 나라가 되었습니다. 더 이상 종처럼 살아서는 안 됩니다.

하나님의 백성이 반드시 알아야 할 세 가지

하나님의 백성으로 살아가기 위해 반드시 알아야 할 것들이 있습니다.

하나님을 아는 지식

하나님을 아는 지식은 정말 중요합니다. 하나님을 알고 나를 알 때 겸손해질 수 있습니다. 모세가 미디안 광야에서 양을 치다가 호렙산에 이르렀습니다. 하나님이 가시 떨기나무 불꽃 가운데서 모세에게 말씀하셨습니다.

"너는 애굽으로 내려가서 내 백성 이스라엘을 애굽에서 건져 내라."

"당신의 이름이 무엇입니까?"

"나는 스스로 있는 자다."

하나님은 누군가에 의해 만들어진 피조물이 아닙니다. 하나님은 창조주이십니다. 하나님은 시간과 공간을 초월하시고 시작도 끝도 없으신 분입니다. 우리는 환경과 조건에 갇혀 살지만, 하나님은 시공간 너머에 계십니다. 하나님은 환경에 따라 변하지 않습니다.

하나님에 대한 지식이 있어야 하나님을 믿고 의지할 수 있습니다. 지금 우리가 생각하는 태도와 감정은 우리가 알고 있는 하나님에 대한 지식에서 나오는 것입니다. 하나님은 좋으신 분입니다.

이스라엘 백성은 하나님을 어떻게 생각하고 있습니까?

민 14:3 어찌하여 여호와가 우리를 그 땅으로 인도하여 칼에 쓰러지게 하려 하는가 우리 처자가 사로잡히리니 애굽으로 돌아가는 것이 낫지 아니하랴

그들은 하나님에 대해 무지했습니다. 하나님이 그들을 칼에 쓰러뜨리기 위해 불렀다고 오해했습니다. 그들의 아내와 자녀

를 노예가 되게 하기 위해 불렀다는 것입니다. 이것은 마귀가 주는 생각입니다. 하나님이 이스라엘 백성을 애굽에서 불러내신 이유는 세계 모든 민족 위에 뛰어난 민족이 되게 하기 위해서입니다.

하나님이 답답하셔서 이렇게 말씀하십니다.

> 민 14:21-22 21 그러나 진실로 내가 살아 있는 것과 여호와의 영광이 온 세계에 충만할 것을 두고 맹세하노니 22 내 영광과 애굽과 광야에서 행한 내 이적을 보고서도 이같이 열 번이나 나를 시험하고 내 목소리를 청종하지 아니한 그 사람들은

하나님이 애굽에 내리신 열 가지 재앙과 하나님의 영광을 보지 않았느냐는 것입니다. 지금도 이 광야에서 불기둥과 구름 기둥으로 인도해 주는 것을 너희가 보지 않았느냐는 것입니다. 너희를 위해 수많은 기적을 보여 주며 이곳까지 인도했는데 어떻게 열 번이나 하나님인 나를 시험하느냐는 것입니다. 하나님이 이스라엘 백성을 책망하십니다. 이스라엘 백성의 문제는 하나님에 대한 지식이 없는 것입니다. 그들은 하나님이 어떤 분인지를 경험하고도 깨닫지 못했습니다.

그러나 여호수아와 갈렙은 달랐습니다. 그들에게는 하나님에 대한 지식이 있었습니다. 하나님을 전능하시고 능력이 많은 분으로 믿었습니다. 자기 민족을 젖과 꿀이 흐르는 땅으로

인도하시는 분이라고 믿었습니다. 여호수아와 갈렙은 하나님의 눈으로 가나안 족속을 바라보았습니다. 그러자 그들이 밥으로 보였습니다(민 14:8-9). 그들은 전능하신 하나님이 우리와 함께 계시니 두려워하지 말라고 했습니다. 이렇듯 우리가 믿는 하나님을 바로 아는 것이 중요합니다.

내가 누구인지 아는 지식

자신을 안다는 것은 중요한 일입니다. 많은 사람이 자신을 잘 모릅니다. 그래서 자신이 할 수 없는 일에 집착합니다. 탐내서는 안 될 것에 욕심을 부려서 비참해집니다. 자신을 알고, 잘 할 수 있는 영역을 발견해 키워 가는 것이 중요합니다.

열 명의 정탐꾼은 자신을 어떻게 생각하고 있습니까?

민 13:33　거기서 네피림 후손인 아낙 자손의 거인들을 보았나니 우리는 스스로 보기에도 메뚜기 같으니 그들이 보기에도 그와 같았을 것이니라

그들은 자신을 열등하게 생각하고 있습니다. 하나님은 그렇게 생각하시지 않습니다. 그들은 히브리 노예였지만 그들에게는 하나님의 약속이 있었습니다. 하나님은 그들을 모든 민족에게 복을 주는 통로로 여기셨습니다. 모든 나라를 축복하는 제사장 나라로 생각하셨습니다(출 19:5-6).

이스라엘 백성을 향한 하나님의 계획은 제사장 나라로 만드는 것입니다. 제사장의 뜻은 "다리를 놓다"입니다. 하나님은 이스라엘 백성을 하나님과 열방 사이에 다리를 놓는 제사장 백성으로 부르셨습니다. 이것이 그들을 향한 하나님의 계획입니다. 그런데 이스라엘 민족은 그들이 어떤 존재인지 전혀 모르고 있습니다. 자기들을 "메뚜기"라고 말하고 있습니다.

우리 안에도 이런 열등의식이 자리 잡고 있습니다. 열등의식 때문에 기를 펴지 못하고 움츠리며 살아가는 사람들이 많습니다. 하나님의 일을 하려면 이런 열등의식을 버려야 합니다. 예수님 안에서 우리는 새로운 피조물이 되었습니다. 왕 같은 제사장이 되었습니다. 하나님은 우리를 세상에서 가장 값진 보물로 창조하셨습니다. 스스로를 바로 알 때 열등감을 극복할 수 있습니다.

우리의 대적이 누구인지 아는 지식

이스라엘 백성의 문제는 적을 과대평가한 것입니다. 하나님과 함께 적을 보아야 하는데 하나님 없이 적을 보았습니다.

하나님 없이 적을 보니까 이렇게 두려워하고 불평하고 원망하게 된 것입니다. 그러나 여호수아와 갈렙은 하나님의 눈으로 적을 바라보았습니다. 적들이 밥으로 보였습니다(민 14:9). 하나님 없이 보는 것과 하나님과 함께 보는 것이 이렇게 큰 차이를 만들어 냅니다.

사탄을 지나치게 과대평가하면 안 됩니다. 하나님은 능치 못하실 일이 없습니다. 우리는 능력이 많으신 하나님께 집중해야 합니다.

살아오면서 정말 큰 문제라고 생각했던 것들이 지금 보면 별것 아닌 게 많습니다. 어릴 적에는 별것 아닌 문제도 크게 보입니다. 나는 어릴 적에 집이 가난했습니다. 더운 여름날 친구들과 냇가에 나가 멱을 감다가 고무신 한 짝을 잃어버렸습니다. 정말 큰일 난 줄 알았습니다. 하루 종일 고무신만 생각했습니다. 가난하니까 고무신 한 짝이 그렇게 크게 보인 것입니다.

예수님이 우리 안에 계십니다. 우리 안에 계신 예수님은 세상보다 크시고 우리의 대적인 사탄보다 훨씬 크십니다. 그래서 우리가 세상을 넉넉히 이길 수 있습니다(요일 4:4).

끝까지 하나님의 마음을 품는 사람

하나님은 사랑으로 중보기도하는 사람을 찾으십니다. 중보기도에는 복잡한 공식이 없습니다. 중보기도자의 자세가 중요합니다. 중보기도는 '그 사람이 기도하지 못할 때 대신 그 자리에 서는 것'입니다. 믿음이 약해진 사람 곁에 서고, 말을 잃은 사람 대신 하나님 앞에 서는 것입니다. 중보자는 사람을 변호하지 않습니다. 상황을 미화하지도 않습니다. 모든 것을 하나님의 판단과 은혜에 맡깁니다.

"주님, 제가 다 알지 못합니다. 그러나 주님은 아십니다."

이 고백이 중보기도의 깊이를 만듭니다.

중보기도를 하다 보면 하나님의 마음에 놀라게 됩니다. 우리는 포기하고 싶을 때가 많은데 하나님은 여전히 기다리고 계시는 것을 깨닫습니다. 우리는 단정 짓고 싶을 때가 많은데 하나님은 여전히 기회를 주십니다. 하나님의 마음은 언제나 '빨리 결론을 내리는 마음'이 아니라 '끝까지 품는 마음'입니다.

중보기도의 자리에서 우리는 하나님의 긍휼과 인내와 소망을 배울 수 있습니다. 그래서 중보기도는 하나님의 성품을 배우고 그 성품에 참여하는 통로입니다.

또한 중보자는 산 자와 죽은 자 사이에 서야 합니다. 예수님이 산 자와 죽은 자 사이에 서서 십자가를 지고 모든 죄값을 지불하셔서 우리는 구원을 받았습니다. 예수님 안에서 새로운 피조물이 되었습니다. 우리 앞에 새로운 길이 열렸습니다.

중보자는 문제를 해결하는 사람이 아닙니다. 중보자는 상황을 통제하는 사람도 아닙니다. 중보자는 하나님이 일하실 공간을 열어 드리는 사람입니다. 그래서 중보기도는 보이지 않게 시대의 흐름을 바꿉니다. 아주 조용히 그리고 은밀하게 영적 전쟁의 흐름을 바꾸는 능력입니다.

Q 나라를 위해, 교회를 위해, 지인들을 위해 기도하고 있습니다. 중보기도는 어느 정도의 기간 동안 계속해야 할까요?

A 성경은 중보기도의 기간을 정하기보다 마음의 자세와 방향을 가르쳐 줍니다.

- 모세는 이스라엘 백성을 위해 평생 중보했습니다.

- 사무엘은 중보기도를 평생의 사명으로 받았습니다 (삼상 12:23).

- 예수님은 지금도 우리를 위헤 중보기도하십니다.

히 7:25 그러므로 자기를 힘입어 하나님께 나아가는 자들을 온전히 구원하실 수 있으니 이는 그가 항상 살아 계셔서 그들을 위하여 간구하심이라

중보기도의 세 가지 방향

- 응답 받을 때까지

- 하나님이 마음을 옮겨 주실 때까지

- 평생의 사명으로(나라와 민족, 교회, 가족)

Part

인생을 축복으로
완성하는 기도

축복
기도

: 믿음의 선포로
복된 미래를 연다

축복기도는 입술로 새로운 미래를 여는 기도다.
하나님의 눈으로 바라보고 믿음으로 선포하며,
한 사람의 미래 위에 하나님의 뜻을 선포하는 것이다.

축복은 감정의 표현이 아니라 순종의 행위입니다. 하나님은 백성을 사랑하셨기에, 그 사랑을 말로 선포하게 하셨습니다. 이것이 바로 축복기도의 원형입니다. 하나님은 축복의 말씀이 백성 위에 머물도록 제사장의 입술에 그 권위를 맡기셨습니다.

축복이 없는 공동체는 방향을 잃어버립니다. 축복이 없는 인생은 수고는 많으나 열매가 빈약합니다. 그러나 축복이 선포되는 곳에는 질서가 서고, 생명이 흐르며, 탁월함의 길이 열립니다. 하나님이 우리에게 축복의 권세를 주셨습니다. 예수의 이름으로 축복하며 기도하면 환경이 바뀌고 막힌 담이 돌파됩니다. 저주가 축복으로 바뀌고 우리 삶이 탁월함에 이릅니다.

왜 축복하라고 가르쳐 주셨을까?

하나님은 모세를 불러 아론과 그의 아들들이 이스라엘 백성을 축복하는 법을 가르쳐 주셨습니다.

민 6:24-27　24 여호와는 네게 복을 주시고 너를 지키시기를 원하며 25 여호와는 그의 얼굴을 네게 비추사 은혜 베푸시기를 원하며 26 여호와는 그 얼굴을 네게로 향하여 드사 평강 주시기를 원하노라 할지니라 하라 27 그들은 이같이 내 이름으로 이스라엘 자손에게 축복할 하나님이 모세에게 이스라엘 백성들을 축복하라고 하신 이유는 그들의 환경을 음지에서 양지로 바꾸기 위해서입니다. 음지에서는 좋은 열매가 맺히지 않습니다. 음지에서는 세균이나 곰팡이 같이 인체에 해로운 것들이 자랍니다. 양지에서 좋은 열매가 맺힙니다. 복숭아, 사과, 배, 포도 같은 과일은 햇볕을 잘 받아야 좋은 맛을 내고 상품성도 좋습니다.

음지는 어둠 가운데 사는 것입니다. 저주하고 미워하고 시기 질투하는 삶입니다. 이스라엘은 400년 동안 애굽에서 종살이했던 민족입니다. 그들은 음지에서 살았습니다. 그곳에서는 좋은 열매를 맺지 못했습니다. 그들이 좋은 열매를 맺기 위해서는 하나님이 주시는 복을 받아야 합니다. 하나님은 모세에게 아론의 후손을 통해 이스라엘 백성들을 위와 같이 축복하라고 말씀하셨습니다. 하나님은 우리가 서로를 축복하며 살기를 원하십니다. 우리가 축복한 대로 이루어 주십니다.

우리도 이 말씀을 대입해서 가족과 지인들을 축복할 수 있습니다. 민수기 6장 24-25절 말씀에서 '네게'라는 말에 자신의 이름이나 배우자의 이름 그리고 자녀들의 이름을 대입해서 한번 읽어 보십시오.

"여호와는 ○○○에게 복을 주시고 ○○○를 지키시기를 원하며 여

호와는 그의 얼굴을 ○○○에게 비추사 은혜 베푸시기를 원하며 여호
와는 그 얼굴을 ○○○에게로 향하여 드사 평강 주시기를 원하노라"

기도할 때마다 이렇게 축복하면 하나님이 복을 주십니다
(민 6:27). 그러면 어떻게 축복기도를 해야 할까요?

하나님께 복을 구하라

민 6:24a 여호와는 네게 복을 주시고

하나님은 우리에게 복을 주기 원하십니다. 하나님의 복은
탁월함에 이르게 하는 능력입니다. 답답한 환경을 돌파할 수
있는 에너지입니다. 탁월한 삶을 살았던 성경 속 위인들은 모
두 하나님이 주시는 복을 받았습니다.

25년 동안 출판계에서 일한 사람이 있습니다. 쉬는 날도 없
이 일을 하다 보니 심한 허리디스크로 3년 동안 자리에 눕게
되었습니다. 그때 열심히 교회에 나가던 그의 아내가 "심심하
면 누워서 책이나 읽으세요" 하고 성경책을 주었습니다. 특히
잠언을 읽으라고 펼쳐 주었습니다. 그래서 생전 처음 성경을
읽게 되었습니다. 출판사에서 일하며 이 책 저 책 많이 읽고 교
정도 많이 보았지만 별로 감동이 없었습니다. 그런데 잠언서

를 읽는데 그의 마음이 서서히 녹기 시작했습니다.

잠 8:32 아들들아 이제 내게 들으라 내 도를 지키는 자가 복이 있느니라

이 말씀을 읽는데 정신이 번쩍 들었습니다. 이 말씀이 강하게 마음에 들어왔습니다. 그래서 잠언뿐 아니라 전도서와 시편도 읽었습니다. 하나님의 은혜가 임하자 그는 새벽기도에 나갔습니다. 하나님께 복을 달라고 기도하기 시작했습니다. 6개월 만에 허리디스크가 치료되었고, 지금까지도 건강하게 일하고 있습니다.

하나님은 우리에게 복을 주기 원하십니다. 우리가 왜 하나님 앞에 나아가야 합니까? 하나님께 복을 받기 위해서입니다. 기독교는 정말 단순합니다. 복잡하지 않습니다. 하나님께 기도함으로 복을 받고 일하면 됩니다.

하나님께 복을 받기 위해서는 하나님의 얼굴을 구하라고 하셨습니다. 하나님은 복의 근원이 되십니다.

시 105:4 여호와와 그의 능력을 구할지어다 그의 얼굴을 항상 구할지어다

야곱은 하나님이 주시는 복에 관심이 많았습니다. 야곱은 할아버지 아브라함과 아버지 이삭을 통해서 하나님이 주시는

복이 얼마나 소중한지 보고 들어 알았습니다. 그래서 야곱은 팥죽 한 그릇으로 장자의 명분을 샀습니다. 아버지를 속이고 형 에서의 축복을 가로챘습니다. 그 일로 외삼촌 집으로 도망가 20년을 산 야곱은 아버지 집으로 돌아가라는 하나님의 음성을 듣고 밧단아람에서 얻은 모든 재산과 가족을 이끌고 아버지 집으로 출발했습니다.

야곱이 마하나임에 이르렀을 때 형에게 사람을 보내 지금 야곱이 밧단아람에서 가나안 땅으로 돌아오고 있으며, 형에게 은혜 입기를 원한다고 전했습니다(창 32:3-5). 문제는 20년이 지난 지금도 에서의 분노가 조금도 가라앉지 않았다는 것입니다. 야곱이 돌아오고 있다는 소식을 들은 에서는 동생을 치기 위해 400명의 용병을 끌고 나왔습니다.

야곱은 얍복강 나루터에서 하나님 앞에 엎드려 기도하기 시작했습니다. 하나님의 사자가 야곱을 찾아왔습니다. 야곱은 하나님의 사자를 붙들고 씨름했습니다. 하나님의 사자가 야곱의 허벅지 관절을 치니 어긋났습니다. 야곱은 여호와의 사자를 놓지 않았습니다. 그리고 이렇게 말했습니다.

창 32:26 그가 이르되 날이 새려 하니 나로 가게 하라 야곱이 이르되 당신이 내게 축복하지 아니하면 가게 하지 아니하겠나이다

나를 축복해 주지 않으면 놓지 않겠다는 것입니다. 야곱은

하나님이 주시는 복의 가치와 능력을 알았습니다. 하나님이 복을 주시면 모든 문제가 해결된다는 사실을 알았습니다. 그래서 야곱은 하나님의 사자를 붙들고 자신을 축복해 달라고 요구했습니다. 그때 하나님의 사자가 야곱을 축복해 줍니다.

창32:28 그가 이르되 네 이름을 다시는 야곱이라 부를 것이 아니요 이스라엘이라 부를 것이니 이는 네가 하나님과 및 사람들과 겨루어 이겼음이니라

야곱은 축복은 물론 이스라엘이라는 새 이름도 받았습니다. 야곱이 축복을 받으니 에서가 이끌고 온 군대는 야곱의 길잡이로 바뀝니다. 야곱이 축복을 받으니 사람이 변하고 환경도 변화됩니다.

하나님의 얼굴을 구할 때 은혜와 능력과 지혜가 채워진다

하나님의 얼굴에서 강력한 은혜가 나옵니다. 우리는 하나님의 얼굴빛을 비추어 달라고 구해야 합니다.

민 6:24-26 24 여호와는 네게 복을 주시고 너를 지키시기를 원하며 25 여호와는 그의 얼굴을 네게 비추사 은혜 베푸시기를 원하며 26 여

호와는 그 얼굴을 네게로 향하여 드사 평강 주시기를 원하노라 할지니라 하라

하나님은 우리에게 복과 평강을 주십니다. 하나님이 주시는 복은 에너지와 같습니다. 탁월한 삶을 살기 위해서는 지속적으로 에너지를 공급받아야 합니다. 비행기는 하늘로 날아오르기 전에 반드시 연료를 공급받습니다. 이륙했다 할지라도 연료가 고갈되면 목표하는 곳까지 비행할 수 없습니다.

그리스도인들은 알코올이나 약물, 순간적인 쾌락을 통해서 에너지를 공급받으려고 해서는 안 됩니다. 하나님이 주시는 것으로 채워야 합니다. 하나님 앞에 나와 예배드리면 생명 에너지가 채워집니다.

하나님의 얼굴을 본다는 것은 하나님의 영광을 본다는 의미입니다. "영광"의 의미는 하나님의 탁월한 성품을 말합니다. 그 안에는 모든 풍부함과 충만함이 담겨 있습니다. 하나님의 얼굴에서 그분의 영광과 능력과 풍성함이 나옵니다. 우리가 하나님의 얼굴을 구할 때 하나님의 은혜와 능력, 그리고 지혜가 충만하게 채워집니다.

큰아이가 대학 졸업반이 되었을 때 조심스럽게 자신의 꿈을 꺼내 놓았습니다. 법조인이 되고 싶다는 말이었습니다. 경제학을 전공한 딸이었지만, 초등학교 시절부터 마음 깊이 간직해 온 오래된 소망이었습니다. 그러나 그 고백을 들었을 때 먼

저 현실이 생각났습니다. 교회는 아직 미자립 상태였고, 둘째와 셋째 아이도 가르쳐야 했습니다. 하나님 앞에 엎드렸습니다. 큰아이의 꿈을 축복하며 하나님께 올려 드렸습니다. 기도하며 학교를 하나씩 살펴보던 중 이상하리만큼 한 학교가 마음에서 떠나지 않았습니다. ○○대학교 로스쿨이었습니다. 학비가 저렴했고 집에서도 가까운 편에 속했기 때문입니다. 그때부터 기도는 단순해졌습니다.

"하나님, 요엘이가 ○○대학교 로스쿨에 들어가게 해주세요."

딸이 로스쿨 법학적성시험(LEET)을 보고 돌아온 날 아무 말도 하지 않았습니다. 시험이 쉽지 않았던 모양입니다. 점수가 발표되는 날 딸은 방에 들어가 통곡하며 울었습니다.

"아빠, 생각보다 점수가 너무 안 나왔어요."

나는 딸을 안아 주며 말했습니다.

"괜찮아."

며칠이 지난 후 딸을 불러 조용히 말했습니다.

"기왕 이렇게 된 것 낙심하지 말고 끝까지 해 보자. 아빠가 기도해 줄게!"

딸은 마음을 다시 정리했습니다. 학교 설명회와 박람회에 다녀왔고, 논술과 면접 준비에 들어갔습니다. 매일 딸을 축복하며 기도했습니다.

"하나님, 오늘도 이 아이를 주님 손에 올려드립니다. 하나님의 뜻이 이루어지게 하옵소서."

하나님은 기도의 끝에서 ○○대학교 로스쿨로 들어가는 길을 여셨습니다. 딸은 이 일을 통해 자신의 삶 가운데 역사하시는 하나님을 만나게 되었습니다. 지금 딸은 변호사가 되어 바쁜 일정 속에서도 시간을 정해 놓고 매일 기도에 힘쓰고 있습니다. 기도는 딸의 현재가 되었고, 앞으로의 삶을 이끄는 호흡이 되었습니다.

하나님의 얼굴을 구할 때 생명 에너지를 공급받는다

광채란 생명 빛을 말합니다. 하나님의 얼굴로부터 생명의 빛이 나옵니다. 하나님은 빛의 근원이십니다. 하나님이 가장 먼저 창조하신 것이 빛입니다.

창 1:3 하나님이 이르시되 빛이 있으라 하시니 빛이 있었고

하나님은 하늘의 태양과 달과 별을 만드시기 전에 먼저 빛을 창조하셨습니다. 빛은 창조의 시작이요, 모든 생명의 근원입니다. 빛 없이는 질서도 생명도 없습니다. 하나님이 만드신 창조물들은 빛을 통해 에너지와 생명을 얻고 성장합니다. 사도 요한은 예수님이 참 빛이라고 말씀했습니다.

예수님은 하나님의 영광의 광채로 이 땅에 오셨습니다. 하나님이 빛을 주지 않으시면 우리는 아무것도 볼 수 없습니다. 빛이 없으면 생명도 없습니다. 빛은 우리에게 소망과 기쁨과 행복을 줍니다. 빛이 임할 때 어둠은 사라집니다. 빛이 비칠 때 따뜻해지고 부드러워집니다. 빛이 비칠 때 우리는 더 멀리, 자세히 볼 수 있습니다. 빛이 없으면 치유도 없습니다.

지구에서 사용하는 에너지의 대부분은 태양으로부터 비롯됩니다. 우리가 날마다 먹는 음식도 결국은 태양 에너지의 산물입니다. 식물은 햇빛을 받아 자라고, 우리는 그 식물을 먹으며 살아가기 때문입니다. 우리가 숨 쉬며 생명을 유지하는 것 또한 태양의 에너지 순환과 깊이 연결되어 있습니다. 그래서 하나님이 이 세상을 창조하실 때 가장 먼저 빛을 만드신 것입니다. 하나님의 얼굴에서 나오는 생명의 빛이 우리를 살게 하고, 우리를 탁월함에 이르게 합니다.

하나님의 얼굴을 구할 때 삶이 달라진다

모세는 하나님의 영광의 빛을 경험한 이후 하나님의 사람으로 변화되었습니다. 구약에서는 하나님의 얼굴을 대면하면 죽습니다. 그런데 특별한 사람에게는 하나님의 얼굴을 대면할 수 있는 은총을 베푸셨습니다. 모세는 40일 동안 하나님의 얼굴을 대면하면서 말씀을 받았습니다. 그가 하나님을 만난 후에 그의 얼굴에서도 광채가 났습니다.

> 출 34:29　모세가 그 증거의 두 판을 모세의 손에 들고 시내산에서 내려오니 그 산에서 내려올 때에 모세는 자기가 여호와와 말하였음으로 말미암아 얼굴 피부에 광채가 나나 깨닫지 못하였더라

모세의 생애를 연구해 보면, 그가 하나님을 대면하기 전과 후는 엄청난 차이가 있음을 알 수 있습니다. 모세가 하나님을 대면하기 전, 그는 자신의 힘으로 민족을 구하려고 했습니다. 그러나 그는 실수로 애굽 사람 한 명을 죽였고, 바로가 두려워 미디안 광야로 도망갔습니다. 그가 애굽 궁중에서 배운 지식도, 그가 익힌 무술도 그를 돕지 못했습니다.

그러나 가시떨기 불꽃 가운데서 하나님을 대면한 이후 그의 생애는 완전히 달라졌습니다. 부르심을 받은 모세는 400년 동안 애굽에서 종살이하던 이스라엘 백성을 해방시켰습니다.

하나님의 얼굴을 구할 때 평안이 임한다

하나님의 평강은 하나님의 얼굴빛에서 나옵니다. 하나님의 얼굴을 구하면 우리 인생을 치료해 주십니다. 하나님의 얼굴을 구하면 은혜가 임합니다. 은혜가 임하면 인생에 평강이 넘치게 됩니다.

조창인 작가는 본래 장래가 촉망한 기자였습니다. 어느 날 취재한 사건이 잘못되면서 감옥에 갇히는 신세가 되었습니다. 조직 폭력배들이 수감된 방으로 가게 되었는데 두려워 숨도 제대로 쉬지 못하고 지냈습니다. 한번은 두목이 그를 불렀습니다.

"야, 너 교회 다녀?"

"안 다닙니다."

"찬송 아는 것 있어?"

"잘 모릅니다."

"그럼, 성경은 읽어 봤어?"

"예, 대학 다닐 때 서양 문화사 시간에 신약성경만 읽어 보았습니다."

"그럼, 됐어. 오늘부터 네가 예배 인도하고 설교도 해."

거절했다가 무슨 일을 당할지 몰라 시키는 대로 찬송을 부르고 억지로 설교했습니다. 그런데 조폭 두목이 눈물을 흘리는 것입니다.

이번에는 그가 놀랐습니다.

'도대체 무슨 조화란 말인가! 저 사람이 나를 놀리는가!'

그러다 독방으로 가게 되었습니다. 독방에서 매일 하나님의 은혜를 체험하겠다는 마음으로 성경을 읽기 시작했습니다. 그동안 지적 교만으로 성경을 무시하고 살아왔지만 이제 성경을 의심하지 않고 무조건 믿기로 작정했습니다. 믿음의 눈으로 성경을 읽기 시작하자 말씀이 새롭게 다가왔습니다. 그가 하나님을 진짜 믿게 되었습니다. 입술로 예수님이 자신의 구주임을 시인했습니다. 그러자 이번에는 하나님이 응답해 주셨습니다. 연루되었던 사건이 해결되면서 감옥에서 나올 수 있게 된 것입니다. 그때부터 그는 아내와 같이 교회에 다니면서 열심히 신앙생활을 했습니다. 글을 쓰며 한계에 부딪힐 때마다 자기에게 복을 달라고 기도했습니다. 10만 명의 독자를 달라고 기도했습니다. 그렇게 기도하며 소설 한 편을 써서 발표했는데 150만 부가 팔렸습니다. 바로 베스트셀러 《가시고기》입니다. 이 책은 하나님을 높이는 귀한 도구가 되었습니다.

조창인 작가는 이렇게 말했습니다.

"하나님은 살아 계십니다. 자신의 한계를 솔직하게 인정하고, 매 순간 하나님의 능력과 도움을 구하며 기도할 때 응답하시고 복을 주셨습니다."

빛을 받을 때는 하나님을 향한 방향이 중요합니다. 하나님이 우리를 향해 그분의 얼굴을 들 때, 그리고 우리가 하나님을 향할 때 놀라운 일들이 생깁니다. 우리 인생은 누구와 함께하느냐에 따라 달라집니다. 하나님을 가까이한 사람은 복을 받습니다.

시 73:28 하나님께 가까이 함이 내게 복이라 내가 주 여호와를 나의 피난처로 삼아 주의 모든 행적을 전파하리이다

우리는 빛 되신 하나님 안에 거하고, 하나님과 연합할 때 풍성한 열매를 맺습니다. 우리는 예수님을 통해 하나님의 자녀가 되었습니다. 하나님의 자녀가 되었다는 것은 빛의 자녀가 되었다는 의미입니다.

엡 5:8 너희가 전에는 어둠이더니 이제는 주 안에서 빛이라 빛의 자녀들처럼 행하라

우리가 빛의 자녀로 살아갈 때 하나님이 영광을 받으십니다(마 5:16). 하나님의 빛은 사랑의 빛입니다. 하나님의 빛은 따뜻하고 회복시키는 빛입니다. 하나님의 빛이 임하는 곳에 위로와 치유가 일어납니다. 하나님의 빛이 임하는 곳에 하나님의 평강이 머뭅니다. 우리는 하나님의 얼굴에서 나오는 평강의 빛을 받아야 하나님의 영광을 드러낼 수 있습니다. 하나님의 영광을 드러내기 위해서는 날마다 하나님의 빛을 받는 시간을

가져야 합니다. 우리가 하나님 앞에 엎드릴 때 하나님의 빛이 우리에게 임합니다. 그래서 기도가 중요합니다.

아침햇살이 임할 때 나비는 그 빛을 날개로 받아 날갯짓을 시작합니다. 우리도 하나님이 주시는 은혜의 빛을 받아야 합니다.

사 60:1-2 1 일어나라 빛을 발하라 이는 네 빛이 이르렀고 여호와의 영광이 네 위에 임하였음이니라 2 보라 어둠이 땅을 덮을 것이며 캄캄함이 만민을 가리려니와 오직 여호와께서 네 위에 임하실 것이며 그의 영광이 네 위에 나타나리니

하나님의 얼굴빛이 비추일 때 시들해진 생명이 다시 살아납니다. 우리의 영혼 깊은 곳에 기쁨이 넘치고 생수의 강이 흐릅니다. 그러면 우리가 빛을 발할 때 어떤 일이 일어납니까?

사 60:4-5 4 네 눈을 들어 사방을 보라 무리가 다 모여 네게로 오느니라 네 아들들은 먼 곳에서 오겠고 네 딸들은 안기어 올 것이라 5 그때에 네가 보고 기쁜 빛을 내며 네 마음이 놀라고 또 화창하리니 이는 바다의 부가 네게로 돌아오며 이방 나라들의 재물이 네게로 옴이라

바다의 부가 네게로 오고 이방 나라의 재물이 네게로 온다는 말은 경제적인 영역, 영적인 영역에 복이 부어진다는 뜻입

니다. 교회에도 하나님의 영광이 임해야 합니다. 하나님의 임재가 나타나야 충만해집니다. 교회가 하나님의 임재로 충만해지면 기적이 일어나고 부흥의 역사가 일어납니다.

하나님의 빛이 임할 때 작은 자가 천을 이루고 약한 자가 강국을 이룹니다(사 60:22). 하나님의 복이 임할 때 우리는 탁월한 삶을 살게 됩니다.

하나님이 주시는 복은 강물처럼 촉촉하고, 불길처럼 뜨거우며, 바람처럼 강력합니다. 그 복을 받은 사람들이 어둠의 세력들을 물리치고 저주받은 환경을 돌파하며 마침내 승리할 수 있습니다. 축복기도는 한 영역에만 임하지 않습니다. 축복은 가정, 일터, 관계, 생각, 미래까지 덮습니다. 부모가 자녀를 축복할 때 아이의 자존감을 만들고 인생의 방향이 형성됩니다. 목회자가 성도를 축복할 때 그 축복은 영적 울타리가 되어 마귀의 공격을 막아 냅니다. 축복기도는 사람을 살리고, 세우며, 탁월함으로 이끄는 하나님의 도구입니다.

축복기도의 능력은 눈에 보이지 않는 곳에서 역사합니다. 축복이 선포될 때 영적인 질서가 바뀌고 마귀의 전략은 무너집니다. 하나님의 말씀으로 축복하고 선포할 때 영적 보호막이 세워지고 풍성한 열매가 맺힙니다.

Q 축복은 목사님이 하시는 게 아닌가요? 제가 축복기도를 해도 영적 보호막이 세워지고 능력이 나타날까요?

A 성경적으로 보면 두 가지 차원이 있습니다.

1) 직분적 축복: 성경에는 하나님이 제사장에게 축복권을 맡기신 장면이 있습니다(민 6:24-26).

2) 성도의 축복기도: 성경은 모든 성도가 축복하는 삶을 살라고 가르칩니다(벧전 3:9).

성도는 자녀를, 이웃을, 나라와 민족을 축복할 수 있습니다. 축복기도는 목회자의 전유물이 아닙니다.

찬양
기도

: 문제보다 하나님을
크게 바라보는 기도

찬양기도는 시선을 하나님께로 향하게 하고,
그분 안에서 평안과 기쁨을 누리게 하는 힘이다.

두려움은 하나님을 보지 못하게 한다

우리 안에 있는 모든 두려움은 하나님을 찬양하고 경배할 때 떠나갑니다. 두려움은 문제가 커 보이게 하지만 찬양은 하나님을 크게 보게 하고, 우리의 시선이 하나님을 향하게 합니다. 적의 규모가 아니라, 하나님의 주권을 바라보게 합니다.

우리가 어려움을 만날 때 가장 먼저 극복해야 하는 것은 두려움입니다. 두려움은 우리 믿음을 약하게 만듭니다. 두려움은 하나님보다 환경을 먼저 바라보게 합니다. 시련이 우리를 망하게 하지 않습니다. 환경이 아니라 두려움이 문제입니다. 두려움은 믿음의 사람도 쓰러뜨릴 수 있을 정도로 강력합니다.

욥은 순전하고 정직하며 하나님을 경외하여 악에서 떠난 사람이었습니다. 그런데 욥의 삶에 고난이 찾아왔습니다. 욥은 파산했고 자녀들은 모두 죽었으며, 부인은 하나님을 욕하고 죽으라면서 그를 떠났습니다. 게다가 자신은 중한 병에 걸려 고통을 당하고 있습니다.

하나님 앞에서 정직하게 살아가는 욥에게 왜 이런 고난이 찾아왔을까요?

욥 3:25 내가 두려워하는 그것이 내게 임하고 내가 무서워하는 그것이 내 몸에 미쳤구나

"내가 두려워하는 그것이 내게 임했다"고 합니다. 욥은 순전하고 정직했으며 하나님을 잘 섬겼습니다. 그런데 욥에게 한 가지 부족한 것이 있었는데 두려움입니다. 사탄은 욥의 마음에 있는 두려움을 이용해 이것이 현실이 되게 했습니다. 우리는 두려움을 이기고 기도의 자리로 나아가야 합니다.

두려움은 예고 없이 찾아옵니다. 역대하 20장은 우리가 어떻게 두려움을 극복하고 마침내 승리할 수 있는지에 대한 답을 제시합니다.

> 대하 20:1-2 ¹ 그 후에 모압 자손과 암몬 자손들이 마온 사람들과 함께 와서 여호사밧을 치고자 한지라 ² 어떤 사람이 와서 여호사밧에게 전하여 이르되 큰 무리가 바다 저쪽 아람에서 왕을 치러 오는데 이제 하사손다말 곧 엔게디에 있나이다 하니

모압과 암몬, 마온 연합군이 남 왕국 유다에 쳐들어왔습니다. 여호사밧은 하나님을 신실하게 의지했던 왕입니다. 자신만 잘 믿은 것이 아니라 제사장들을 세워 모든 성읍을 순회하며 백성들에게 하나님의 말씀을 가르치게 했습니다(대하 17:9).

여호사밧은 백성들의 마음이 하나님께로 돌아오게 했습니다. 그럼에도 남왕국 유다에 어려움이 찾아왔습니다. 모압과 암몬 자손이 군대를 일으켜 유다로 쳐들어온 것입니다. 여호사밧을 비롯한 모든 백성이 두려워 떨었습니다(대하 20:3a).

두려움이 들거든 시선을 하나님께로 향하라

두려움은 항상 숫자로 말합니다. 믿음의 사람에게도 예외는 없습니다. 수적으로 도저히 감당할 수 없는 적군이 유다를 치기 위해 쳐들어왔기에 여호사밧은 두려웠습니다. 현실은 항상 계산으로 다가옵니다. 가능성과 확률, 실패에 대한 경우의 수가 머릿속을 하얗게 합니다. 중요한 것은 두려움이 있느냐 없느냐가 아닙니다. 두려움 앞에서 우리의 마음이 어디로 향하느냐입니다.

대하 20:3b ···여호와께로 낯을 향하여 간구하고 온 유다 백성에게 금식하라 공포하매

여호사밧은 모압과 암몬 군대가 연합해서 쳐들어왔다는 소식을 들었을 때 두려워했습니다. 사람은 두려워하면 이성을 잃어버립니다. 그러나 여호사밧은 도망하지 않았습니다. 그는 왕으로서 할 수 있는 모든 정치적 선택을 내려놓고 백성을 성전으로 불러 모았습니다. 그리고 전쟁에서 어떻게 승리할지 전략 회의를 하는 대신 기도회를 열고 하나님께 기도했습니다.

큰 문제를 만나면 기도해야 합니다. 여호사밧은 자신의 한계를 알았습니다. 바다 저편에서 물밀듯이 쳐들어오고 있는 큰 무리를 막아낼 수 없음을 알았습니다. 그래서 하나님 앞에

나아가 기도했습니다.

우리 하나님이여 그들을 징벌하지 아니하시나이까 우리를 치러 오는 이 큰 무리를 우리가 대적할 능력이 없고 어떻게 할 줄도 알지 못하옵고 오직 주만 바라보나이다 하고

여호사밧은 백성들과 함께 기도했습니다. 합심으로 기도하면 더 강력한 능력이 나타납니다. 하나님의 보좌를 움직일 수 있습니다. 유다에 사는 모든 사람이 남녀노소를 가리지 않고 나와 하나님께 기도했습니다.

여호사밧은 자신을 공격해 오는 무리가 크다는 것을 알았습니다. 지도자는 문제를 있는 그대로 볼 수 있는 안목이 필요합니다. 여호사밧은 지혜롭습니다. 그는 큰 무리가 쳐들어오는 것을 알았지만 동시에 그가 믿는 하나님이 매우 크신 분임을 믿었습니다. 여호사밧은 하나님이 행하셨던 일을 고백하며 기도했습니다.

대하 20:7-11 7 우리 하나님이시여 전에 이 땅 주민을 주의 백성 이스라엘 앞에서 쫓아내시고 그 땅을 주께서 사랑하시는 아브라함의 자손에게 영원히 주지 아니하셨나이까 8 그들이 이 땅에 살면서 주의 이름을 위하여 한 성소를 주를 위해 건축하고 이르기를 9 만일 재앙이나 난리나 견책이나 전염병이나 기근이 우리에게 임하면 주의 이

름이 이 성전에 있으니 우리가 이 성전 앞과 주 앞에 서서 이 환난 가운데에서 주께 부르짖은즉 들으시고 구원하시리라 하였나이다 10 옛적에 이스라엘이 애굽 땅에서 나올 때에 암몬 자손과 모압 자손과 세일산 사람들을 침노하기를 주께서 용납하지 아니하시므로 이에 돌이켜 그들을 떠나고 멸하지 아니하였거늘 11 이제 그들이 우리에게 갚는 것을 보옵소서 그들이 와서 주께서 우리에게 주신 주의 기업에서 우리를 쫓아내고자 하나이다

여호사밧은 역사 속에서 이스라엘 백성을 구원하신 일을 기억하며 기도했습니다. 또 하나님이 솔로몬이 성전을 봉헌했을 때 이 성전에서 기도하면 들으시고 응답해 주시겠다고 약속하신 그 말씀을 붙잡고 기도했습니다. 하나님은 우리가 하나님이 베풀어 주신 은혜를 생각하며 고백하는 기도를 좋아하십니다. 하나님이 우리 인생 가운데 행하신 일들을 묵상하면서 기도하십시오. 하나님이 기뻐하십니다.

흔들리지 않는 믿음이 승리의 비결이다

흔들림 없이 하나님을 신뢰하는 것이 승리의 비결입니다. 전쟁에서 승리하려면 전략이 좋아야 합니다. 하나님의 백성들이 영적 전쟁에서 승리하기 위해서는 하나님의 전략을 따라야

합니다. 여호사밧은 이 전쟁에서 하나님 한 분만을 전적으로 의지하고 신뢰하는 전략을 세웠습니다.

> 대하 20:20   이에 백성들이 아침에 일찍이 일어나서 드고아 들로 나가니라 나갈 때에 여호사밧이 서서 이르되 유다와 예루살렘 주민들아 내 말을 들을지어다 너희는 너희 하나님 여호와를 신뢰하라 그리하면 견고히 서리라 그의 선지자들을 신뢰하라 그리하면 형통하리라 하고

위급하고 절망적인 상황이라 할지라도 하나님을 신뢰하면 견고하게 섭니다. 우리의 노력만으로는 큰 무리와 싸울 수 없습니다. 마귀는 전략적입니다. 우리를 쓰러뜨리기 위해 부지런히 움직입니다. 하나님을 신실하게 의지하면 마귀가 두렵지 않습니다. 하나님 앞에 존귀하게 쓰임 받은 사람들은 하나님을 신뢰했습니다. 하나님을 신뢰하면 말씀을 주십니다.

> 대하 20:15b   …너희는 이 큰 무리로 말미암아 두려워하거나 놀라지 말라 이 전쟁은 너희에게 속한 것이 아니요 하나님께 속한 것이니라

전쟁에 승리하기 위해서는 마음을 강하게 해야 합니다. 전쟁에서 두려워하면 이미 진 것입니다. 믿음이 두려움을 이기게 합니다. 믿음은 하나님의 말씀을 들음으로 강해집니다.

이스라엘 백성들은 어려움을 만날 때면 항상 두려워했습니다. 홍해 앞에서도, 바로의 군대를 보고도 두려워했습니다. 그러나 두려움은 그들을 기도의 사람으로 만들었습니다.

하나님은 야하시엘에게 "이 전쟁은 너희가 아니라 내게 속한 것이다"라고 말씀하셨습니다. 전쟁에 승리했던 믿음의 사람들은 다 이 사실을 알았습니다. 다윗은 전쟁이 하나님께 속해 있음을 알았기에 담대히 골리앗과 싸웠습니다.

삼상 17:47 또 여호와의 구원하심이 칼과 창에 있지 아니함을 이 무리에게 알게 하리라 전쟁은 여호와께 속한 것인즉 그가 너희를 우리 손에 넘기시리라

전쟁은 하나님께 속해 있습니다. 하나님과 싸우는 사람이 가장 어리석습니다. 하나님이 이스라엘을 대신해 싸워 주시겠다고 말씀하십니다.

대하 20:16-17 16 내일 너희는 그들에게로 내려가라 그들이 시스 고개로 올라올 때에 너희가 골짜기 어귀 여루엘 들 앞에서 그들을 만나려니와 17 이 전쟁에는 너희가 싸울 것이 없나니 대열을 이루고 서서 너희와 함께 한 여호와가 구원하는 것을 보라 유다와 예루살렘아 너희는 두려워하지 말며 놀라지 말고 내일 그들을 맞서 나가라 여호와가 너희와 함께하리라 하셨느니라 하매

이스라엘 백성들이 홍해 앞에 섰을 때도 하나님은 모세에게 "여호와께서 너희를 위하여 싸우시리니 너희는 가만히 있을지니라"(출 14:14)라고 하셨습니다. 우리가 하나님을 신뢰하고 기도하면 하나님이 우리를 대신해서 싸워 주십니다. 하나님은 전쟁에 능하신 분입니다. 하나님이 일어나시면 바로 역전이 일어납니다. 기도하면 전쟁의 주체가 바뀝니다. 사람이 싸우는 전쟁에서 하나님이 일하시는 전쟁으로 변화됩니다.

찬양은 현실 위에 계신 하나님을 선포하는 선언이다

하나님이 이스라엘 가운데 응답해 주시자 여호사밧과 백성들은 큰 소리로 하나님을 찬송했습니다. 찬양은 현실을 부정하는 노래가 아닙니다. 찬양은 현실 위에 계신 하나님을 선포하는 승리의 선언입니다. 칼은 적을 향하지만, 찬양은 항상 하늘을 향합니다. 그리고 전쟁은 언제나 하늘과 연결되고 하나님과 통하는 자가 승리합니다.

찬양은 상황이 좋아졌기 때문에 드리는 노래가 아닙니다. 찬양은 하나님이 여전히 왕이심을 선포하는 신앙 선언입니다. 아직 승리를 보지 못했지만 하나님의 성품을 믿고 먼저 노래하는 것입니다.

대하 20:18-19 18 여호사밧이 몸을 굽혀 얼굴을 땅에 대니 온 유다와 예루살렘 주민들도 여호와 앞에 엎드려 여호와께 경배하고 19 그핫 자손과 고라 자손에게 속한 레위 사람들은 서서 심히 큰 소리로 이스라엘 하나님 여호와를 찬송하니라

여호사밧은 선지자 야하시엘을 통해 주신 말씀에 순종했습니다. 레위 지파 사람들로 성가대를 조직하고 그들을 앞세워 전쟁터에 나갔습니다. 그리고 하나님을 찬양하기 시작했습니다.

대하 20:21 백성과 더불어 의논하고 노래하는 자들을 택하여 거룩한 예복을 입히고 군대 앞에서 행진하며 여호와를 찬송하여 이르기를 여호와께 감사하세 그의 인자하심이 영원하도다 하게 하였더니

하나님을 찬송하는 순간 놀라운 일이 일어납니다.

대하 20:22-23 22 그 노래와 찬송이 시작될 때에 여호와께서 복병을 두어 유다를 치러 온 암몬 자손과 모압과 세일산 주민들을 치게 하시므로 그들이 패하였으니 23 곧 암몬과 모압 자손이 일어나 세일산 주민들을 쳐서 진멸하고 세일 주민을 멸한 후에는 그들이 서로 쳐 죽였더라

노래와 찬송이 시작될 때 하나님이 복병을 두셔서 유다를

치러 올라온 암몬 자손과 모압과 세일산 사람을 치게 하셨습니다. 하나님은 우리가 찬송할 때 역사하십니다. 찬송할 때 하늘이 움직이기 시작합니다.

미국 줄리어드 음대에 수석으로 합격한 최화진 집사는 어린 시절 집안이 너무 가난했기에 대학에 진학하지 못했습니다. 최 집사는 고등학교 때 친구를 따라 교회에 갔다가 성가대를 시작했습니다. 그는 하나님을 찬양하는 것이 너무나 행복했습니다. 나중에 군복무를 마치고 직장 생활을 하다 성악을 공부하기 위해 만삭인 아내를 데리고 미국 유학길에 오릅니다. 많은 어려움과 역경이 있었지만 꿈을 포기하지 않았습니다.

한번은 미국의 한 교회에 초청받아 특송을 불렀는데 많은 사람이 은혜를 받았습니다. 그들 중에 뉴욕에 사는 한 권사님이 있었습니다. 이분이 예배가 끝난 후 최화진 집사를 찾아와서 말했습니다.

"집사님, 이렇게 찬양을 잘하는데 더 넓은 무대에서 공부하십시오."

권사님은 뉴욕에 돌아가자마자 줄리어드 음대 입학원서를 보내 주었습니다. 최 집사가 모집 요강을 보는데 도저히 넘지 못할 벽처럼 느껴졌습니다. 이태리어로 된 오페라 두 곡, 독일어로 된 오페라 두 곡, 프랑스어로 된 오페라 두 곡, 영어로 된 오페라 두 곡 등 모두 여덟 곡을 외워 시험을 보아야 했습니다. 도저히 불가능해 보여 포기하려고 하니 너무 슬퍼졌습니다.

그래서 들판에 나가 기도하면서 찬양했습니다. 몇 시간을 찬양하는데 하나님이 말씀하셨습니다.

"화진아, 너 지금까지 노래를 어떻게 배웠니? 돈 주고 레슨 받았니?"

"아니요."

"악보 보고 박자, 음정 생각하면서 배웠니?"

"아니요."

"그러면 어떻게 배웠니?"

"그냥 듣고 배웠는데요."

"그래 바로 그거다."

그 길로 그는 레코드 가게로 달려가 이태리어, 독일어, 프랑스어로 녹음된 오페라 테이프를 사서 따라 부르기 시작했습니다. 그렇게 두 달 동안 연습하고 뉴욕으로 시험을 보러 갔습니다. 하필 시험 치는 당일에는 목감기까지 와서 고생했습니다. 네 명을 선발하는데 지원자가 무려 400명이 몰렸습니다. 인간적으로는 도저히 가망이 없어 보였습니다. 그런데 그는 100대 1의 경쟁을 뚫고 당당하게 합격했습니다. 그것도 수석으로 합격해서 장학금을 받았습니다. 나중에 학교를 졸업하고 뉴욕에 있는 나약(nyack)대학교 성악가 교수로 초빙되었습니다.

우리가 찬송할 때 하늘과 천사들과 사람들이 움직입니다. 우리가 찬송할 때 하늘의 우박과 뇌성과 폭풍이 움직입니다.

하나님이 천사를 움직이자 남왕국 유다를 공격했던 앗수르 군대 18만 5천 명이 하룻밤에 진멸되었습니다(왕하 19:35). 여호사밧과 유다 백성은 놀라운 경험을 했습니다. 큰 무리가 다 흩어졌습니다.

대하 20:24-25 24 유다 사람이 들 망대에 이르러 그 무리를 본즉 땅에 엎드러진 시체들뿐이요 한 사람도 피한 자가 없는지라 25 여호사밧과 그의 백성이 가서 적군의 물건을 탈취할새 본즉 그 가운데에 재물과 의복과 보물이 많이 있으므로 각기 탈취하는데 그 물건이 너무 많아 능히 가져갈 수 없을 만큼 많으므로 사흘 동안에 거두어들이고

하나님을 의지하면 전쟁에서 승리할 뿐 아니라 물질의 축복을 겸하여 받게 됩니다. 그들은 재물과 의복과 물질을 많이 취했습니다. 얼마나 많은지 3일 동안이나 취해도 능히 가져갈 수 없을 만큼이었습니다. 정말 큰 위기를 만났다고 할지라도 찬송하고 기도하면 위기가 축복의 기회가 됩니다.

찬양을 드릴 때 큰 기쁨과 평안을 누린다

찬양은 영적 분위기를 바꾸어 버립니다. 찬양이 울려 퍼질 때 두려움이 지배하던 공간에 하나님의 임재가 임하기 시작합니다. 혼돈과 공허가 가득한 자리에 질서가 세워집니다. 마귀

는 불평을 좋아하지만, 찬양을 견디지 못합니다. 찬양이 시작되자, 하나님이 움직이기 시작하셨습니다. 사람의 칼이 아니라 하나님의 손이 전쟁을 끝냈습니다. 여호사밧은 찬양으로 전쟁을 시작해서 찬양으로 마무리하며 하나님께 영광을 돌립니다.

> 대하 20:26-27 26 넷째 날에 무리가 브라가 골짜기에 모여서 거기서 여호와를 송축한지라 그러므로 오늘날까지 그 곳을 브라가 골짜기라 일컫더라 27 유다와 예루살렘 모든 사람이 다시 여호사밧을 선두로 하여 즐겁게 예루살렘으로 돌아왔으니 이는 여호와께서 그들이 그 적군을 이김으로써 즐거워하게 하셨음이라

전쟁에 승리한 그들은 그냥 즐기기만 하지 않았습니다. 그들은 비파와 수금과 나팔을 연주하고, 모든 백성은 브라가 골짜기에 모여 기쁨으로 하나님을 찬송했습니다. 위기 가운데서 건져 주시고 승리를 주신 하나님께 경배와 찬양을 드렸습니다. 그들은 하나님을 찬양하면서 하나님의 성전으로 돌아왔습니다(대하 20:28).

전쟁에 대한 소문이 주변 모든 나라에 퍼졌습니다. 모든 나라가 여호사밧과 함께하신 하나님을 두려워했습니다. 주변이 잠잠해지고 평강이 찾아왔습니다.

29 이방 모든 나라가 여호와께서 이스라엘의 적군을 치셨다 함을 듣고 하나님을 두려워하므로 30 여호사밧의 나라가 태평하였으니 이는 그의 하나님이 사방에서 그들에게 평강을 주셨음이더라

찬양은 승리의 문을 여는 열쇠입니다. 찬양에는 엄청난 능력이 있습니다. 하나님을 찬양하면 마음에 두려움, 염려, 근심이 사라지고 큰 기쁨이 찾아옵니다. 마음에 기쁨이 오면 웃음이 나옵니다. 웃으면 환경이 바뀌고 두려움이 사라집니다.

기도와 찬양을 통해 우리는 영적 전쟁에서 승리할 수 있습니다. 우리가 하나님을 찬양할 때 마귀는 두려워 떨며 떠나갑니다. 두려움이 찾아올 때 찬양하며 기도하십시오. 그 길이 날마다 승리하는 비결입니다.

Q 현실이 너무 힘들고 상황이 나빠 마음이 괴로운데
   억지로 찬양하는 것은 위선이 아닌가요?

A 시편의 많은 부분이 고통과 탄식으로 시작합니다.

시 13:1-2 1 여호와여 어느 때까지니이까 나를 영원히 잊
으시나이까 주의 얼굴을 나에게서 어느 때까지 숨기시
겠나이까 2 나의 영혼이 번민하고 종일토록 마음에 근심
하기를 어느 때까지 하오며 내 원수가 나를 치며 자랑하
기를 어느 때까지 하리이까

그러나 찬양은 감정이 아니라 "믿음의 선택"입니다.

시편 13편의 마지막은 이렇게 끝납니다.

시 13:5-6 5 나는 오직 주의 사랑을 의지하였사오니 나의
마음은 주의 구원을 기뻐하리이다 6 내가 여호와를 찬송
하리니 이는 주께서 내게 은덕을 베푸심이로다

상황이 바뀌어서 찬양한 것이 아니라 하나님을 바
라보기로 선택했기 때문에 찬양한 것입니다.

성령 안에서의 기도

: 삶의 모든 속박과
멍에를 깨뜨리는 능력

내 생각이 아니라 하나님의 마음으로 하는 기도로,
성령이 임하면 마귀의 속박이 풀어지고,
삶을 묶고 있는 고통의 멍에, 가난의 멍에들이 부러진다.

마귀는 우리 삶을 속박한다

성령 안에서 기도할 때 저주의 멍에가 깨어집니다. 가난한 자들이 부요케 되고, 눌린 자들이 자유를 얻게 되며, 병든 자들이 고침을 받습니다. 우리 인생에는 말로 설명할 수 없는 영적인 장벽들이 있습니다. 반복된 실패나 아무리 노력해도 앞으로 나아가지 못하게 하는 멍에가 그것입니다.

다윗은 가난한 집 아들이었습니다. 그런데 기름이 부어지자 자유가 임했습니다. 모든 저주의 멍에가 깨어져 나갔고, 풍성한 복으로 채워졌습니다. 하나님은 우리에게 풍성한 복을 주기 원하십니다.

하나님은 아담을 창조하신 후에 복을 주셨습니다.

창 1:28 하나님이 그들에게 복을 주시며 하나님이 그들에게 이르시되 생육하고 번성하여 땅에 충만하라, 땅을 정복하라, 바다의 물고기와 하늘의 새와 땅에 움직이는 모든 생물을 다스리라 하시니라

하나님이 주신 복은 다섯 가지입니다. 생육하고, 번성하고, 땅을 정복하고, 다스리고, 땅에 충만해지는 복입니다. 모든 사람은 하나님이 아담에게 주신 복을 받아 누릴 수 있습니다. 그런데 왜 가난이 찾아오게 되었을까요? 죄 때문입니다. 죄는 가난과 실패와 저주를 만들어 냅니다. 가난은 아담과 하와가 하

나님 앞에 범죄할 때 찾아왔습니다.

그러나 성령이 오시면 가난한 자들이 부요케 됩니다.

눅 4:18-19 18 주의 성령이 내게 임하셨으니 이는 가난한 자에게 복음을 전하게 하시려고 내게 기름을 부으시고 나를 보내사 포로 된 자에게 자유를, 눈 먼 자에게 다시 보게 함을 전파하며 눌린 자를 자유롭게 하고 19 주의 은혜의 해를 전파하게 하려 하심이라 하였더라

성령님은 우리의 기도를 도우십니다. 우리가 영적 어둠에 가로막혀 더 이상 나아갈 수 없어 답답할 때가 있습니다. 아무리 기도해도 돌파되지 않아 낙심될 때가 있습니다. 그때 성령님이 우리를 위해 탄식하며 기도해 주십니다(롬 8:26).

성령님이 친히 우리를 위해 간구해 주실 때 막힌 담이 무너지기 시작합니다. 답답함이 돌파되기 시작합니다. 그러므로 우리는 기도할 때 성령님의 도우심을 요청해야 합니다.

"성령님 오시옵소서. 바람같이 불같이 생수같이 임하시옵소서."

마귀는 죄를 이용해 우리의 삶을 속박합니다. 가난하게 하고 병들게 하고 실패하게 합니다. 속박은 묶이는 것입니다. 사람이 눈에 보이지 않는 영역에서 묶이면 아무 일도 할 수 없습니다. 누군가가 풀어 주어야 합니다.

마귀가 묶는 다섯 가지 영역

영의 영역

마귀는 영의 눈을 가리고 흑암 가운데 가둡니다. 하나님을 믿지 못하도록 눈을 막아 버립니다. 그래서 온갖 형태의 우상 숭배에 빠져들게 합니다. 무당을 찾아가고, 부적을 가지고 다닙니다. 우상 숭배자들은 마귀에게 그의 영이 묶여 있습니다. 그런데 성령이 임하면 자유가 임합니다. 묶임이 풀립니다.

마음의 영역

사람은 성장 과정에서 많은 상처를 받습니다. 거절감이 가장 큰 상처입니다. 거절감은 삶에 분노를 일으키고 수치심을 갖게 합니다. 조절할 수 없는 분노는 대부분 거절 감정에서 오는 것입니다. 한 번 화가 나면 도저히 멈출 수 없는 사람들이 있습니다. 마귀가 그의 생각과 감정까지 조정하고 있기 때문입니다. 마음은 의지, 감정, 생각으로 이루어져 있습니다. 마귀는 마음에 견고한 진을 만들어 우리의 의지, 감정, 생각을 지배하려 합니다. 마귀는 거절 감정을 이용해 마음을 지배합니다.

예수님은 우리의 거절감을 치유해 주기 위해 십자가 위에서 하나님께 버림받는 고통을 당하셨습니다. 누구든지 예수님을 인생의 구주로 영접하면 상처받은 마음이 치유됩니다. 성령이 임하면 상한 마음, 눌린 마음, 포로 된 마음이 치유됩니다.

육체의 영역

마귀에게 육체를 잡히면 몸이 약해지고 아프기 시작합니다. 온갖 종류의 질병에 시달립니다. 알 수 없는 고통이 찾아옵니다. 몸이 아프면 삶이 행복할 수 없습니다. 아무리 돈이 많고, 눈앞에 맛있는 음식이 있어도 아프면 누릴 수도, 먹을 수도 없습니다. 이렇듯 질병은 우리의 몸을 묶어 버립니다. 그러나 성령이 임하면 질병이 치료됩니다. 몸이 건강해지고 모든 연약한 것들이 떠나갑니다.

경제의 영역

마귀는 우리 삶에 가난과 파멸을 가져옵니다. 도둑이 오는 것은 도둑질하고 죽이고 멸망시키기 위함입니다. 마귀는 우리 삶을 파멸시키기 위해서 옵니다. 아무리 열심히 일해도 항상 가난한 사람들이 있습니다. 지혜도 있고 성실한데도 매번 실패합니다.

나는 결혼하고 10년이 될 때까지 힘든 시기를 보냈습니다. 사모는 20대에 약국을 개업했습니다. 사모가 성실하고 지혜로운 여인입니다. 시대를 보는 눈이 있습니다. 시대의 흐름을 읽고 변화에 적극적으로 대처하며 약국을 경영했습니다. 한약과 비타민, 미네랄 등을 공부하며 의약 지식을 넓혀 나갔습니다. 사모가 누구보다 열심히 공부하고 도전하며 약국을 경영하였지만, 잘되지 않았습니다.

아무리 생각해도 이해가 되지 않았습니다. 약국이 안될 이유가 없었기 때문입니다. 그때 나와 사모는 이것이 영적인 문제임을 직감했습니다. 그때부터 하나님께 목숨 걸고 부르짖어 기도하기 시작했습니다.

사모는 약국에 출근해도 손님이 없으니까 하루 종일 기도했고, 나도 신학대학원에 다니면서 시간만 나면 기도했습니다. 사는 것이 힘드니 금식도 밥 먹듯이 하며 기도했습니다. 기도를 시작한 지 일 년 반쯤 지났을 때부터 하나님의 은혜가 부어지기 시작하고 어둠의 영들이 떠나갔습니다. 그 이후부터 하늘 문이 열렸습니다. 그때를 기점으로 하나님이 약국에 복을 주셨는데 대한민국 1등 약국이 되게 하셨습니다.

환경의 영역

여호수아서 6장을 보면 이스라엘 백성들이 여리고성을 점령하는 이야기가 나옵니다. 여리고성이 어떻게 무너졌습니까? 이스라엘 백성들이 성 주변을 하루에 한 바퀴씩 6일을 돌고 마지막 날은 일곱 바퀴를 돌았습니다. 그리고 제사장들은 나팔을 불고 백성들이 일제히 함성을 질렀습니다. 그러자 여리고성이 무너졌습니다. 전적인 하나님의 은혜입니다. 여호수아는 여리고성을 다시 건축하는 자는 저주를 받을 것이라고 선포했습니다(수 6:26). 그런데 정말 그런 일이 일어났습니다.

여리고를 건축한 벧엘 사람 히엘이 맏아들 아비람과 막내아들 스굽을 잃었습니다(왕상 16:34). 그런데 그것으로 끝나지 않았습니다. 여호수아의 저주는 여리고 주변 환경을 묶었습니다. 그러자 물이 병들어 버립니다(왕하 2:18-19). 물이 병들자 토산물이 익지 못하고 떨어집니다. 환경이 묶여 있으니 아무리 수고해도 헛되고 헛되었습니다. 그래서 여리고 사람들이 하나님의 사람 엘리사에게 도움을 청합니다.

왕하 2:20-22 **20** 엘리사가 이르되 새 그릇에 소금을 담아 내게로 가져오라 하매 곧 가져온지라 **21** 엘리사가 물 근원으로 나아가서 소금을 그 가운데에 던지며 이르되 여호와의 말씀이 내가 이 물을 고쳤으니 이로부터 다시는 죽음이나 열매 맺지 못함이 없을지니라 하셨느니라 하니 **22** 그 물이 엘리사가 한 말과 같이 고쳐져서 오늘에 이르렀더라

엘리사는 물의 근원으로 나아가서 소금을 뿌리며 하나님의 말씀을 선포했습니다. 그러자 이 땅에 묶여 있는 것들이 풀어지고 다시 토산물들이 잘 익게 되었습니다.

성령의 기름부음이 임해야 저주와 묶임이 풀린다

사 10:27 그날에 그의 무거운 짐이 네 어깨에서 떠나고 그의 멍에가

네 목에서 벗어지되 기름진 까닭에 멍에가 부러지리라

성령이 임하면 마귀의 속박이 풀어지고, 우리 삶을 묶고 있는 고통의 멍에, 가난의 멍에들이 부러집니다. 성령이 임하면 광야가 아름다운 밭이 됩니다. 아름다운 밭은 꽃도 피고 열매가 많이 열려 기쁨이 넘치는 밭입니다.

사 32:15 마침내 위에서부터 영을 우리에게 부어 주시리니 광야가 아름다운 밭이 되며 아름다운 밭을 숲으로 여기게 되리라

광야는 생명과 물이 희귀한 곳입니다. 가시와 엉겅퀴가 자라나는 곳입니다. 광야는 '척박한 우리 인생'을 의미합니다. 성령 충만하지 못하면 광야와 같은 인생을 살 수밖에 없습니다. 성령과 함께하지 않는 사람은 오늘도 사막 길을 방황하며 걸어가고 있는 것입니다. 성령 충만 받지 못하면 목마르고 답답합니다. 미래에 대한 희망도, 소망도 없습니다. 그러나 성령 충만한 사람은 생명력이 왕성합니다. 그의 삶에 생수가 흐르고 시냇가에 심은 나무처럼 무성하고 아름답고 풍성한 열매를 맺으며 삽니다.

시골의 작은 마을에서 6남매 중 막내딸로 태어난 집사님이 있었습니다. 어렸을 때 친구를 따라서 교회에 몇 번 나갔으나 믿지 않는 사람과 결혼하면서 교회와 담을 쌓고 지냈습니다.

시댁은 대대로 우상을 섬기는 가정이었습니다. 남편의 외할머니는 무당이었습니다. 외할머니는 딸에게 신내림을 받으라고 강요했습니다. 집사님의 시어머니는 신내림을 받지 않으려고 많은 돈을 주고 굿을 했습니다. 그러자 점점 궁핍하게 되고 가난해졌습니다.

남편은 결혼 후 매일 술을 마시고 행패를 부렸습니다. 이상하게 귀신들린 사람처럼 소리를 지르고 점점 망가졌습니다. 사는 것이 너무 힘들고 고통스러울 때 언니의 전도를 받아 남편 모르게 교회에 다니기 시작했습니다. 그리고 날마다 남편을 위해 기도했습니다. 그러던 어느 날 교회 다니는 것을 남편에게 들켰습니다. 남편은 고래고래 소리를 지르며 인정사정없이 집사님을 때렸습니다.

"너 왜 하나님을 믿는 거야? 나 죽으라고 교회 다니는 거야?"

집사님을 시누이에게 끌고 가 시집 식구들 앞에서 다시는 예수 믿지 않겠다고 맹세하라고 소리 질렀습니다. 집사님은 그렇게 매를 맞고 욕을 먹으면서도 교회는 끝까지 다니겠다고 말했습니다. 남편은 더 크게 화를 내며 닥치는 대로 때리고 부쉈습니다. 집사님은 하나님께 부르짖었습니다.

"하나님, 정말 살아 계십니까? 살아 계시다면 표적을 보여 주세요."

그렇게 며칠이 지났는데 하루는 남편이 잠을 자다가 소리를 질러 댔습니다.

"네 이놈, 우리 가정이 행복하게 살려고 하는데 왜 나를 괴롭히는 거야! 나가라 나가!"

그러더니 무릎을 꿇고 기도하기 시작했습니다.

"하나님, 내가 미련해서 그랬습니다. 용서해 주시고 술, 담배 끊게 해 주시고, 교회 다니게 해 주세요."

그 뒤로 남편은 예수님을 인생의 주인으로 영접하고 열심히 교회를 다녔습니다. 매일 교회 나가 눈물로 회개했습니다. 금요철야 예배에 나가 성령 받고 밤새도록 방언으로 기도했습니다. 그때부터 하나님의 은혜가 부어져 남편이 다시 일을 시작하게 되었고 크게 복을 받았습니다.

우리는 성령 충만 받고 성령 안에서 기도해야 합니다. 그럴 때 모든 저주의 멍에, 가난의 멍에, 질병의 멍에가 부러집니다. 더러운 귀신들이 떠나갑니다. 성령 안에서 하는 기도에는 강력한 능력이 있습니다. 우리를 저주에서 해방시키고 신분을 높여 주는 능력입니다.

말씀을 붙잡고 기도할 때 저주와 묶임이 풀어진다

견고했던 여리고성이 하나님의 말씀에 철저하게 순종했을 때 무너졌습니다.

하나님이 여호수아에게 주신 말씀은 "너희 모든 군사는 그 성을 둘러 성 주위를 매일 한 번씩 돌되 엿새 동안을 그리하라"(수 6:3)입니다. 사람의 생각으로는 이해할 수 없는 전략입니다.

주님은 제사장들에게 일곱 양각 나팔을 잡고 언약궤 앞에서 나아가라 하셨습니다. 그리고 제7일에는 성을 일곱 번 돌며 나팔을 불라고 하셨습니다. 주님은 제사장들에게 기도하라고 말씀하시지 않았습니다. 언약궤를 메고 나팔을 들고 선봉에 서라고 하셨습니다.

주님은 백성들에게 제사장들이 양각 나팔을 불 때 큰 소리로 외치라고 말씀합니다. 그러면 성이 무너져 내릴 것이니 백성들은 각기 앞으로 올라가라고 말씀하셨습니다. 사람이 생각하기에는 도저히 이해되지 않고 순종하기 어렵습니다. 이스라엘 백성을 망하게 하려는 전략 같습니다. 그러나 여호수아는 하나님이 주신 전략대로 백성들에게 지시합니다(수 6:6-7).

여리고성을 무너뜨리기 위해서는 세상적인 방법을 따라서는 안 됩니다. 반드시 하나님이 말씀하신 대로 해야 무너뜨릴 수 있습니다. 하나님은 홍해를 가를 때도 모세에게 손에 있는 지팡이를 내밀라고 했습니다. 그때 손을 내밀면 되는 것입니다. 나아만 장군에게는 요단강에 들어가 일곱 번 목욕하라고 했습니다. 순종하면 역사가 일어납니다.

여호수아와 백성들은 하나님의 말씀대로 순종했습니다. 6일 동안 하나님의 지시대로 따릅니다. 제7일이 되었습니다.

성을 일곱 바퀴 돌았습니다.

모든 것은 하나님의 말씀대로 되었습니다. 성은 무너지고
백성들은 앞으로 나아가 성을 점령하였습니다. 너무나 쉽습니
다. 하나님이 말씀하신 대로 순종하니까 쉽게 여리고성을 점
령했습니다.

하나님은 100퍼센트 순종을 요구하십니다. 말씀대로 살면
세상 사람들은 손가락질합니다. 적당히 믿는 것이 지혜라고
말합니다. 그러나 그것은 마귀의 속삭임입니다. 이스라엘 백
성들이 적당히 믿고 행동했으면 여리고성을 점령할 수 없었을
것입니다. 100퍼센트 믿고 순종해야 기적이 일어납니다.

마귀는 숫자가 아니라 하나님의 말씀을 앞세우고 조용히 따
르는 사람들을 두려워합니다. 이 방법 저 방법, 이 약 저 약 다
쓰는 사람들은 아직 길을 모르는 이들입니다. 하나님의 계획
을 아는 사람들은 이미 승리하는 법을 알고 있습니다. 그러므
로 조용히 따르기만 하면 됩니다.

높은 산을 오르는 것도 한 걸음부터 시작합니다. 말씀을 믿
고 한 걸음씩 나아가다 보면 어느새 무언가 이루어져 있을 것

입니다. 그리고 뒤돌아보면, 그 작은 발걸음들이 차곡차곡 쌓여 '기적'이라는 큰 그림을 이루고 있음을 깨닫게 됩니다.

권세를 사용할 때 속박과 묶임이 끊어진다

예수 이름의 권세

예수님의 이름 안에 묶고 푸는 권세가 있습니다.

막 16:16-18 16 믿고 세례를 받는 사람은 구원을 얻을 것이요 믿지 않는 사람은 정죄를 받으리라 17 믿는 자들에게는 이런 표적이 따르리니 곧 그들이 내 이름으로 귀신을 쫓아내며 새 방언을 말하며 18 뱀을 집어올리며 무슨 독을 마실지라도 해를 받지 아니하며 병든 사람에게 손을 얹은즉 나으리라 하시더라

예수 이름으로 하늘 문을 열 수 있습니다.

마 18:18 진실로 너희에게 이르노니 무엇이든지 너희가 땅에서 매면 하늘에서도 매일 것이요 무엇이든지 땅에서 풀면 하늘에서도 풀리리라

예수의 이름으로 구원을 받습니다. 예수의 이름으로 귀신을

쫓아낼 수 있습니다. 예수의 이름으로 병든 자를 일으킬 수 있습니다. 예수의 이름으로 실패를 끝장낼 수 있습니다. 예수의 이름으로 기도할 때 기도가 응답됩니다. 예수님의 이름은 능력의 이름입니다.

보혈의 권세

애굽에서 400년간 종살이하던 이스라엘에게 어린양의 보혈이 뿌려지자 닫혀 있던 문이 열렸습니다. 어린양의 피가 뿌려졌을 때 이스라엘 백성들을 짓누르고 있던 종의 속박이 풀어졌습니다.

하나님은 아담과 하와가 범죄했을 때 "땅이 네게 가시덤불과 엉겅퀴를 낼 것"이라고 말씀하셨습니다. 가시와 엉겅퀴는 죄로 말미암은 저주를 상징합니다. 예수님은 십자가 위에서 가시관을 쓰시고 많은 피를 흘리셨습니다. 그때 두 강도도 함께 십자가에 달렸지만, 가시관을 쓴 이는 오직 예수님뿐이었습니다. 예수님이 쓰신 가시관은 죄의 저주로부터 우리를 해방시켰습니다. 예수님이 흘린 피는 모든 죄를 차단합니다. 예수님의 보배로운 피는 조상들의 망령된 행실로 들어왔던 모든 저주들을 축복으로 바꾸는 능력이 있습니다.

축복의 권세

하나님은 믿는 사람들에게 축복의 권세를 주셨습니다. 제사장에게는 축복권이 있습니다. 우리는 왕 같은 제사장들이고 하나님의 소유된 백성들입니다. 가족들을 예수님의 이름으로 축복하십시오. 교우들을 축복하고 환경을 축복하십시오. 물이 흐르는 곳에 식물이 자라나듯이 축복의 권세가 흐르는 곳에 영혼이 소생합니다.

기름부음의 권세

성령의 기름부음이 흐르는 곳에 자유가 임합니다. 멍에가 부러지고 광야같이 척박한 땅이 아름다운 밭이 되는 역사가 일어납니다.

마귀는 삶을 묶어 우리의 모든 영역을 지배하려고 합니다. 이런 지배에서 해방되어 자유롭고 복된 삶을 살기 원한다면 성령의 기름부음을 받아야 합니다. 기름부음이 임하면 신앙도 성장하고 경제도 성장합니다. 건강과 기쁨이 회복됩니다. 삶의 모든 영역에 하나님의 복이 임합니다.

Q 고통스러운 환경이 하나님이 나를 훈련시키기 위해 허락하신 것이지, 아니면 마귀의 속박인지 어떻게 분별할 수 있나요?

A 성경을 보면 이 둘이 완전히 분리되기도 하지만 동시에 나타나기도 합니다.

1) 하나님이 허락하신 훈련일 수 있습니다(히 12:11).

2) 마귀가 주는 속박일 수도 있습니다(벧전 5:8-9).

3) 두 가지가 동시에 나타나기도 합니다.

가장 대표적인 사례가 욥입니다. 고난을 준 존재는 사탄입니다. 그러나 그것을 허락하신 분은 하나님입니다. 하나님은 고난을 통해 욥을 더 깊은 믿음으로 이끄셨습니다.

감사
기도

: 원망을 깎고
축복의 형상을 빚는 예술

감사기도는 이미 받은 은혜를 깨달아 올려드리는 것으로
기적을 부르는 열쇠다.
감사하는 자에게 더 큰 감사 제목이 주어진다.

세상은 항상 다수를 향해 흐릅니다. 생각도, 말도, 가치도, 기준도 자연스럽게 다수의 방향을 따라갑니다. 그러나 하나님 나라는 언제나 소수를 통해 움직였습니다. 하나님은 숫자가 아니라 질을 보셨고, 다수가 아니라 뿌리 깊은 믿음의 사람을 통해 역사를 열어 가셨습니다. 창조적 소수의 삶이란 다니엘이나 요셉처럼 그 시대를 주도해 나가는 사람을 말합니다.

영국의 역사학자 아놀드 토인비는 《역사의 연구》에서 문명의 흥망이 '창조적 소수'(creative minority)의 역할에 달려 있다고 보았습니다. 공동체가 발전하고 건강하게 성장하려면 언제나 '창조적 소수'가 살아 움직여야 한다는 것입니다.

우리나라 인구는 약 5천 110만 명이고, 세계 인구는 83억 명 정도입니다. 그런데 이렇게 많은 사람 중에 쓸 만한 인재나 믿음직한 사람이 별로 없다고 합니다. 더구나 하나님의 마음에 합한 사람은 더더욱 찾기 어려울 것입니다.

하나님은 감사하며 기도하는 사람에게 관심이 많습니다. 그에게 지혜와 명철을 주셔서 창조적 소수의 삶을 살게 하십니다. 감사는 씨앗과 같습니다. 씨앗은 땅에 심긴 후 일정 기간이 지나면 수십 배에서 수백 배의 열매를 거둡니다. 볍씨 한 알을 심으면 180알을 거두고, 감자 한 쪽을 심으면 60개의 감자를 얻습니다. 감사기도는 씨앗과 같아서 많이 심을수록 많이 거두게 합니다. 기적은 만드는 것이 아니고 임하는 것입니다. 우리는 기적을 만들 수 없지만 기적이 임하는 것을 경험할 수는 있습니다. 기적은 작은 것들을 소중히 여기고, 주시는 은혜에 감사하며 기도하는 사람에게 임합니다.

쉬지 않고 기도해야 감사할 수 있다

살전 5:17 쉬지 말고 기도하라

쉬지 않고 기도하면 범사에 감사하는 삶을 살 수 있습니다. "쉬지 말고 기도하라"는 말씀은 무슨 뜻입니까? 이는 우리가 숨쉬는 것을 생각하면 쉽게 이해할 수 있습니다. 우리가 24시간 쉬지 않고 숨을 쉬는 것처럼 우리 마음을 하나님께 올려 드리면 됩니다. 기도는 영적인 호흡이며, 끊임없이 영적으로 하나님과 교통하는 것입니다. 생각의 중심에 항상 하나님이 계시면 하나님과 깊이 교통할 수 있습니다.

기도와 감사는 뗄 수 없는 관계입니다. 기도에 능력이 나타나게 하려면 감사함으로 아뢰어야 합니다. 감사는 타산적이거나 계산적이어서는 안 됩니다. 우리는 어떠한 상황과 사건에서도 하나님께 감사해야 합니다. 이것이 성도의 마땅한 삶이기 때문입니다.

다니엘은 왕의 금령을 어기면 사자 굴에 던져진다는 사실을 알고 있었습니다. 또한 그 금령이 자기를 겨냥해 만들어진 것임도 알고 있었습니다. 그럼에도 그는 변함없이 하나님께 감사하며 늘 하던 대로 예루살렘으로 난 창문을 열고 기도했습니다.

단 6:10 다니엘이 이 조서에 왕의 도장이 찍힌 것을 알고도 자기 집에 돌아가서는 윗방에 올라가 예루살렘으로 향한 창문을 열고 전에 하던 대로 하루 세 번씩 무릎을 꿇고 기도하며 그의 하나님께 감사하였더라

고린도 교회는 사도 바울의 마음을 몹시도 아프게 만들었던 교회였습니다. 고린도 교회 안에는 게바파와 아볼로파가 있었습니다. 그들은 이유 없이 바울을 악평했습니다. 그럼에도 바울은 그들을 위해 항상 하나님께 감사하며 기도했습니다.

고전 1:4 그리스도 예수 안에서 너희에게 주신 하나님의 은혜로 말미암아 내가 너희를 위하여 항상 하나님께 감사하노니

성도는 범사에 감사해야 합니다. 감사는 신앙의 문제이지, 환경의 문제가 아니기 때문입니다. 주변 환경과 사람에 따라 감사가 좌우되면 우리는 항상 감사할 수 없습니다.

골 2:6-7 6 그러므로 너희가 그리스도 예수를 주로 받았으니 그 안에

서 행하되 7 그 안에 뿌리를 박으며 세움을 받아 교훈을 받은 대로 믿음에 굳게 서서 감사함을 넘치게 하라

그리스도 예수를 주로 받은 우리는 예수님 안에서 행해야 합니다. 예수님은 범사에 감사했습니다. 따라서 우리도 예수님을 본받아 범사에 감사하며 살아야 합니다(살전 5:18).

창조적 소수는 항상 감사한다

창조적 소수의 가장 큰 특징은 생각의 결이 다르다는 것입니다. 같은 현실을 보고도 전혀 다른 해석을 합니다. 가나안 정탐길에 열 명의 정탐꾼은 "우리는 메뚜기 같다" 말했지만, 여호수아와 갈렙은 "여호와께서 우리와 함께하시면 능히 이길 수 있다"고 했습니다. 차이는 현실이 아니라 내면의 태도, 곧 감사의 유무였습니다.

감사는 두려움을 잠재우고 생각을 열어 줍니다. 감사는 하나님의 가능성을 현실 위에 보게 합니다. 그래서 감사하는 사람에게는 항상 창조적인 생각이 넘칩니다. 감사하는 사람은 문제 속에서도 길을 보고, 위기 속에서도 기회를 찾습니다.

그러나 아무나 감사할 수 있는 게 아닙니다. 하나님께 받은 은혜를 깨닫는 사람이 감사할 수 있습니다. 나병을 치료받은

사마리아인은 하나님의 은혜를 깨달았습니다.

눅 17:15-16 15 그 중의 한 사람이 자기가 나은 것을 보고 큰 소리로 하나님께 영광을 돌리며 돌아와 16 예수의 발 아래에 엎드리어 감사하니 그는 사마리아 사람이라

은혜를 받고도 깨닫지 못해서 오히려 불평하고 원망하는 사람이 많습니다. 많이 받아서 감사하는 것이 아닙니다. 적게 받아도 깨달음이 커질 때 감사할 수 있습니다.

감사기도는 받은 은혜를 표현하는 것입니다. 표현에 인색한 사람은 감사할 줄 모릅니다. 감사하는 삶을 살기 위해서는 관찰해야 합니다. 하나님께 받은 은혜를 헤아려 보아야 합니다.

카네기도 《행복론》에서 감사는 품위 있고 인격적으로 성숙한 사람들이 하는 것이라고 했습니다. 받은 것을 받았다고 표현하는 일도 아무나 할 수 없다는 것입니다. 하나님은 감사하는 사람에게 더 큰 복을 주십니다. 감사는 더 큰 감사의 제목을 끌어옵니다. 예수님도 기적을 일으키기 전에 항상 먼저 감사하셨습니다(요 11:41).

감사하면 마음이 부드러워진다

사도 바울은 마음이 굳어지면 하나님의 생명이 역사할 수 없다고 말했습니다.

<엡 4:18> 그들의 총명이 어두워지고 그들 가운데 있는 무지함과 그들의 마음이 굳어짐으로 말미암아 하나님의 생명에서 떠나 있도다

마음이 굳어지면 감각이 무뎌지고 무서운 사람이 됩니다. 기쁨이 사라지고 완악해지며 강퍅해집니다. 말씀을 받아도 감동이 없고 매사에 원망과 불평이 많아집니다. 상처받은 마음은 움츠러들고 좁아지며 포용력을 잃습니다. 그러나 감사하면 마음이 부드러워지고, 작은 일에도 감동을 받습니다. 마음이 부드러워질 때 치유가 임합니다. 마음이 넓어지고 많은 사람을 포용할 수 있게 됩니다.

감사하면 새로운 세계에 눈이 뜨인다

감사는 어두워진 눈을 밝게 하고 닫힌 마음을 열어 줍니다. 1963년 미국 MIT 공대의 기상학자 에드워드 로렌츠가 뉴욕 학술원에 하나의 가설을 제출했습니다. 브라질에 있는 나비 한

마리의 날갯짓이 텍사스에 토네이도를 일으킬 만큼 바람의 흐름을 변화시킬 수 있다는 학설이었습니다. 그의 이론은 학계에서 인정을 받았고, 그 후 '나비효과'라고 불리게 되었습니다.

나비효과 이론은 로렌츠가 컴퓨터 프로그램으로 기상 관측 모의실험을 하면서 비롯되었습니다. 아주 우연히 중대한 발견을 한 바로 그날, 그는 약속 시간에 늦어서 연구실에서 급히 출발해야 했습니다. 시간에 쫓기던 그는 평소 입력하던 수치 0.506127 대신 소수 셋째 자리까지 반올림한 0.506을 입력했습니다. 0.000127이라는 작은 차이는 결과에 영향을 줄 수 없다고 판단한 것입니다. 그러나 그것은 오판이었습니다. 그날 늦게 연구실에 돌아왔을 때 그는 모의실험 결과로 나온 기상 상태가 완전히 달라져 있음을 발견했습니다. 로렌츠는 입력값의 아주 미세한 차이가 출력값에 엄청난 변화를 낳을 수 있다는 것을 깨달았습니다. 그의 말에 따르면, 본래 입력하려 했던 수치와 어림수로 입력한 수치 차이는 숨을 한 번 쉴 때마다 나오는 바람 정도였다고 합니다. 그런데 이런 작은 차이가 낳은 결과가 재난을 일으킬 만한 기상 사건이 되었습니다.

이것은 과학뿐 아니라 우리의 삶 전반에도 적용할 수 있습니다. 한 가지 결심, 한 가지의 창의적 아이디어, 아주 작은 믿음이라도 우리의 삶에 엄청난 변화를 몰고 올 수 있습니다. 백 가지를 변화시키려고 하지 않아도 됩니다. 한 가지만 변화시켜도 우리의 미래가 크게 달라질 수 있습니다.

다윗은 물맷돌 하나에 집중했습니다. 그 물맷돌로 골리앗을 쓰러뜨렸고 위기에 빠진 이스라엘을 구했습니다. 사사 삼갈은 소 모는 막대기 하나에 집중했고 큰 변화를 일으켰습니다.

삿 3:31 에훗 후에는 아낫의 아들 삼갈이 있어 소 모는 막대기로 블레셋 사람 육백 명을 죽였고 그도 이스라엘을 구원하였더라

삼갈은 군대도, 제대로 된 무기도 없었습니다. 그는 소 모는 막대기 하나 들고 적군을 향해 돌격해 무려 600명이나 되는 블레셋의 군대를 쓰러뜨렸습니다. 믿음은 새로운 차원으로 우리를 이끌고, 우리의 삶에 엄청난 변화를 몰고 옵니다.

감사하면 남이 보지 못하는 것을 보게 됩니다. 작은 것을 보려면 엎드려야 합니다. 작은 것은 낮은 곳에 있기 때문입니다. 한 알의 모래나 한 송이의 들꽃을 바라보려면 몸을 숙여야 합니다. 감사하며 기도할 때 숨겨진 기회를 볼 수 있는 눈이 열립니다.

감사하면 좋은 것을 보는 눈이 열린다

감사하면 좋은 것을 보는 눈이 열립니다. 깊이 볼 수 있는 안목이 생깁니다. 똑같은 환경을 만났을 때 어떤 사람은 불평하

고 원망하지만, 어떤 사람은 감사하고 기뻐합니다. 무엇이 그 차이를 만듭니까? 보는 눈입니다. 감사하는 사람은 좋은 것을 볼 수 있는 눈이 열립니다. 좋은 것을 보는 능력은 좋은 것을 찾아내는 능력입니다. 도저히 감사할 것이 없는 상황에서도 감사하는 사람들은 좋은 것을 찾아냅니다.

다니엘은 도저히 감사할 수 없는 문제를 만났습니다. 왕 외에 다른 어떤 신이나 사람에게 절하거나 기도하면 사자 굴에 던져 넣겠다는 조서가 공포된 것입니다. 그러나 다니엘은 전에 행하던 대로 하루 세 번씩 무릎을 꿇고 기도하며 하나님께 감사했습니다.

단 6:10 다니엘이 이 조서에 왕의 도장이 찍힌 것을 알고도 자기 집에 돌아가서는 윗방에 올라가 예루살렘으로 향한 창문을 열고 전에 하던 대로 하루 세 번씩 무릎을 꿇고 기도하며 그의 하나님께 감사하였더라

다니엘이 이런 상황에서도 감사할 수 있었던 것은 그의 눈에 좋으신 하나님이 보였기 때문입니다. 시련 가운데서도 지켜 주시고 보호해 주시는 하나님을 볼 수 있었기 때문입니다. 감사하면 좋으신 하나님이 보입니다. 예수님이 나사로의 무덤 앞에서 감사하며 기도하셨을 때 나사로를 살리시는 하나님의 능력을 보게 된 것처럼 말입니다.

감사기도를 하면 기적이 일어난다

예수님은 기적을 베풀기 전에 먼저 감사기도를 드렸습니다. 감사가 기적을 창조하는 능력임을 알았기 때문입니다. 오병이어의 기적을 일으킬 때 예수님은 먼저 떡 다섯 개와 물고기 두 마리를 손에 들고 하늘을 우러러보며 축사하셨습니다. 이미 주실 하나님을 믿고 감사한 것입니다. 감사 중의 감사는 아직 받지 않은 것을 믿음으로 받았다고 선언하는 것입니다.

나의 아내 진 사모는 어려움 가운데 약국을 경영하며 교회를 섬겼습니다. 약국은 생계를 위한 자리였지만, 사모의 마음은 항상 교회에 있었습니다. 그래서 사모는 늘 기도했습니다.

"하나님, 이 일을 통해 교회를 세우게 하소서."

약국에 오는 분들은 사모가 모든 병에 대해 잘 알고 있는 것처럼 물었습니다.

"오른쪽 어깨가 이유 없이 아픈데 왜 그럴까요?"

"자고 일어났더니 머리가 깨질 듯 아픈데 뭐 좋은 약 없나요?"

이런 말을 들을 때마다 사모는 '어떻게 하면 이분들을 도울 수 있을까?' 생각했습니다. 그때부터 기도하며 한방과 비타민과 미네랄을 공부했습니다. 그러던 중 한방 가루약이 탄생했습니다. 약국에 오는 손님들에게 그 약을 조제해서 주니 변화가 나타나기 시작했습니다.

"몸에 기운이 돌아옵니다."

"오래된 통증이 사라졌어요."

"살고 싶다는 마음이 생겼습니다."

어느 날 사모가 내게 말했습니다.

"목사님, 이 약에 이름을 붙이고 싶은데 이름을 지어 주세요."

그날부터 하나님께 감사하며 약 이름을 달라고 기도하기 시작했습니다. 일주일쯤 지났을 때 새벽에 기도하는데 하나님의 말씀이 떠올랐습니다.

창 2:7 여호와 하나님이 땅의 흙으로 사람을 지으시고 생기를 그 코에 불어넣으시니 사람이 생령이 되니라

동시에 에스겔서의 말씀이 떠올랐습니다. 마른 뼈들이 가득한 골짜기에 생기가 임하자 뼈들이 살아나 큰 군대가 되었습니다.

겔 37:10 이에 내가 그 명령대로 대언하였더니 생기가 그들에게 들어가매 그들이 곧 살아나서 일어나 서는데 극히 큰 군대더라

그 순간 제 입에서 고백처럼 터져 나왔습니다.

"아… 생기산이구나!"

사모에게 '생기산'을 이야기하자 그녀의 얼굴에 환한 미소가 번졌습니다.

"너무 좋네요, 생기산."

이렇게 해서 생기산이 탄생했습니다.

엘리야가 사렙다 과부를 찾아갔을 때 그녀가 갖고 있던 것은 정말 작았습니다. 한 움큼의 가루와 조금 남은 기름이 전부였습니다. 사렙다 과부는 아들과 함께 빵을 만들어 먹고 죽으려고 했습니다. 그런데 엘리야 선지자가 그것으로 자신을 위해 빵을 만들어 오라고 했습니다(왕상 17:13). 사렙다 과부는 작은 떡을 만들어 엘리야를 공궤했습니다. 그 후 그녀는 기적을 체험했습니다.

왕상 17:15-16　15 그가 가서 엘리야의 말대로 하였더니 그와 엘리야와 그의 식구가 여러 날 먹었으나 16 여호와께서 엘리야를 통하여 하신 말씀같이 통의 가루가 떨어지지 아니하고 병의 기름이 없어지지 아니하니라

작은 것을 소중히 여겨야 합니다. 남이 가진 것을 부러워하거나 시기하지 마십시오. 우리 안에 있는 작은 것들을 귀하게 여기고 감사하면 하나님이 기적을 일으키십니다. 작은 것에 감사하면 약점도 축복이 됩니다. 가난, 연약함, 질병, 실패, 심지어 고통스런 장애도 감사함으로 받을 때 축복으로 변화됩니다.

감사하면 창조적 삶을 살게 된다

예술가는 창조하는 삶을 삽니다. 예술가는 버려진 소재에서 가치를 찾아내어 예술로 승화시키는 존재입니다. 예술가는 남이 보지 못한 것을 봅니다.

우리가 흔히 '다비드상'이라 부르는 미켈란젤로의 '부오나로티'는 세계 최고의 걸작품으로 꼽힙니다. 그런데 사실 이 작품은 버려진 대리석에서 탄생했습니다. 당시 거장이라 불리던 두치오는 결이 나쁘다는 이유로 이 대리석을 버렸지만, 미켈란젤로의 눈은 달랐습니다. 그는 이 대리석이 보배로 보였습니다. 그는 대리석 속에 있는 다비드상을 보았습니다. 그는 그저 다비드를 드러내기 위해 불필요한 부분들을 깎아 냈을 뿐입니다.

창조적인 삶이란 드러냄입니다. 감추어진 것들을 드러내는 것이 예술이고 창조입니다. 감사하며 기도하면 실체가 드러납니다. 도저히 감사할 수 없는 상황에서 감사할 조건을 찾아내어 그것을 드러내는 것이 참된 감사입니다. 그래서 감사하는 사람은 창조적인 삶을 살게 됩니다. 예술가들이 소외된 것들이나 버려진 것들을 사용해 귀한 작품을 만드는 것처럼 감사기도하는 사람들은 도저히 감사할 수 없는 상황에서 감사합니다. 자신의 연약함, 단점, 역경, 가난, 실패, 그리고 장애까지도 감사합니다. 환경, 상황, 여건, 확률, 통계를 따지지 않고 감사

265

하며 기도합니다. 이들은 예술가의 영혼을 가졌습니다.

감사는 절제된 기도입니다. 감사기도는 삶을 아름답게 만드는 예술입니다. 감사는 조각가처럼 필요 없는 말, 도움이 안 되는 말을 잘라 내고 감동을 주는 말을 하는 것입니다. 살다 보면 어찌 힘든 일이 없겠습니까? 어찌 섭섭한 마음이 없겠습니까? 그렇지만 참고 인내하며 감사를 표현하는 것입니다. 그때 창조적 소수의 인생을 살아가게 됩니다. 감사는 새롭고 창조적인 언어입니다. 감사의 언어 속에 축복이 담겨 있습니다. 감사는 행복한 미래를 열어 줍니다. 감사하는 사람은 자석과 같아서 좋은 것을 끌어옵니다. 감사하는 사람은 감사하는 사람을 만나게 되고, 감사하면 감사할 일이 자꾸 생깁니다.

Q 말로는 감사기도를 하는데 속은 자꾸 원망이 멈추지 않고 감사도 형식적으로 하는 것 같습니다. 어떻게 하면 진심을 담은 감사기도를 할 수 있을까요?

A 감사가 느껴지지 않는데도 감사하려는 마음은 위선이 아니라 믿음의 싸움입니다. 억지로 감사만 반복하기보다 먼저 하나님께 솔직한 마음을 고백할 때 감사가 점점 깊어집니다. 작은 은혜를 하나씩 발견하며 감사하면 형식적인 감사가 점점 진심의 감사로 바뀌게 됩니다.

- 감사는 감정이 아니라 하나님을 바라보는 선택입니다.
- 감사는 어떤 상황에서도 하나님의 선하심을 바라보는 믿음의 표현입니다.
- 감사는 영적 훈련입니다.
- 감사는 내가 가진 것과 지금의 삶이 하나님께로부터 왔음을 인정하는 신앙의 고백입니다.

제15강

능력
기도

: 하나님의 능력을
절대 의지하는 힘

능력기도는 성령의 기름부음을 구하는 기도다.
능력기도는 내 힘을 의지하지 않겠다는 선언이며,
영적 싸움에서 승리하게 하는 힘이다.

삶에 찾아오는 시련들은 기도를 통해 축복으로 바꿀 수 있습니다. 기도의 세계는 신비합니다. 기도하면 하늘이 움직입니다. 기도하면 기적이 일어나고 문제가 해결됩니다. 기도는 믿음의 표현입니다. 물론 산을 움직이게 할 수 있는 분은 하나님이십니다. 그런데 우리가 믿음으로 기도하면 하나님이 움직이십니다.

능력기도는 눈물의 많고 적음에 있지 않습니다. 능력기도는 하나님의 말씀을 굳게 붙들고, 순종으로 한 걸음 내딛는 기도입니다.

렘 33:2-3　2 일을 행하시는 여호와, 그것을 만들며 성취하시는 여호와, 그의 이름을 여호와라 하는 이가 이와 같이 이르시도다 3 너는 내게 부르짖으라 내가 네게 응답하겠고 네가 알지 못하는 크고 은밀한 일을 네게 보이리라

모세는 태어날 때부터 많은 시련을 만났습니다. 모세가 태어날 당시 바로는 히브리 노예들에게 명령을 내려 아들이 태어나면 나일강에 던지라고 했습니다.

출 1:22　그러므로 바로가 그의 모든 백성에게 명령하여 이르되 아들이 태어나거든 너희는 그를 나일강에 던지고 딸이거든 살려두라 하였더라

히브리 남자 아기는 죽을 수밖에 없는 상황입니다. 그런데 모세는 죽지 않고 살았습니다. 부모의 믿음 때문입니다. 모세의 부모는 하나님을 경외하는 사람이었습니다. 히브리 산파들 역시도 하나님을 경외했습니다.

시련의 때에 기도하는 사람에게 복을 주신다

우리 삶에 찾아오는 시련들은 항상 큰 복과 함께 옵니다. 시련을 기도로 극복하면 큰 복을 받고 큰 사람으로 성장합니다. 우리는 기도하는 법을 배워야 합니다. 기도는 마음먹는다고 바로 되지 않습니다. 배우고 훈련해야 합니다. 평소 기도 훈련이 잘되어 있는 사람이 위기를 만났을 때 기도할 수 있습니다.

집안이 번성하는 복을 주신다

바로는 히브리 노예가 너무 번성하니까 두려워져서 히브리 산파들에게 아들이 태어나면 그 자리에서 죽이라고 명령을 내렸습니다.

출 1:15-16 15 애굽 왕이 히브리 산파 십브라라 하는 사람과 부아라 하는 사람에게 말하여 16 이르되 너희는 히브리 여인을 위하여 해산을 도울 때에 그 자리를 살펴서 아들이거든 그를 죽이고 딸이거든

살려두라

애굽에서 왕의 명령은 너무나 준엄합니다. 불순종하면 즉각 죽을 수 있습니다. 산파들은 엄청난 시련을 만났습니다. 그런데 그들은 이 시련을 하나님을 경외함으로 극복했습니다.

출 1:17 그러나 산파들이 하나님을 두려워하여 애굽 왕의 명령을 어기고 남자 아기들을 살린지라

그들은 왕보다 하나님을 두려워했습니다. 왕의 명령보다 하나님의 말씀을 더욱 귀하게 여겼습니다. 그때 하나님이 그들의 집안을 흥왕하게 하는 복을 주셨습니다(출 1:20-21).

신분을 높여 주신다

출 2:1-2 1 레위 가족 중 한 사람이 가서 레위 여자에게 장가들어 2 그 여자가 임신하여 아들을 낳으니 그가 잘 생긴 것을 보고 석 달 동안 그를 숨겼으나

출생은 큰 경사이지만 이 집은 초상집이 되었습니다. 아들을 나일강에 던져 죽여야 하는 엄청난 시련이 찾아온 것입니다. 그럼에도 이 부부는 아이를 3개월 동안 숨겨 키웠습니다. 이 일이 애굽의 병사들에게 알려지면 집안이 몰살당합니다.

271

그런데 어떻게 그럴 수 있었을까요? 하나님을 신뢰했기 때문입니다.

> **히 11:23** 믿음으로 모세가 났을 때에 그 부모가 아름다운 아이임을 보고 석 달 동안 숨겨 왕의 명령을 무서워하지 아니하였으며

"아름다운 아이임을 보고"라는 말은 비범하게 보았다는 뜻입니다.

> **행 7:20** 그때에 모세가 났는데 하나님 보시기에 아름다운지라 그의 아버지의 집에서 석 달 동안 길리더니

모세의 부모는 하나님의 안목으로 그를 보았습니다. 모세가 심히 아름답고 비범해 보였던 것입니다. 우리 역시 시선을 바꾸어야 합니다. 자녀를 비롯해 주변 사람들을 바라볼 때 하나님의 눈으로 볼 수 있어야 합니다. 하나님의 눈으로 바라보면 모두가 소중하고 존귀하게 보입니다.

숨겨서 기르기 시작한 아이가 3개월이 지나자 울음소리가 커졌습니다. 더 이상 기를 수 없다고 생각한 부모는 하나님을 신뢰함으로 갈대 상자를 만들어 그 속에 아이를 넣고 나일강 갈대 사이에 두었습니다. 그리고 하나님이 어떻게 역사하시는지 보기 위해 그의 딸 미리암을 보냈습니다.

마침 왕의 딸이 목욕하러 왔다가 강물에 떠 있는 갈대 상자를 열어 보고 마음이 동했습니다. 그때 미리암이 나타나 이 아이를 위해 유모를 데려올까 묻습니다. 그러자 공주는 즉시 데려오라고 말합니다. 모세의 친엄마는 삯을 받고 아이에게 젖을 먹이게 되었습니다(출 2:7-9).

인류 역사상 자기 아들을 돈 받고 키운 엄마는 모세 엄마밖에 없을 것입니다. 상상을 초월하는 복을 받은 것입니다. 모세가 어릴 때는 친엄마에게서 하나님과 히브리 민족에 대해서 배웠습니다. 공주의 아들로 궁궐에서 성장하면서부터는 애굽의 학문과 모든 지혜를 배웠습니다(행 7:21-22). 그리고 최고의 리더십 훈련을 받았습니다. 바로의 궁궐은 아무나 들어갈 수 없는데 모세는 제집 드나들듯 드나듭니다. 모세는 바로의 궁에서 배우고 성장했기 때문에 훗날 바로를 두려워하지 않습니다. 하나님이 그렇게 준비시키신 것입니다.

시련은 상상을 초월하는 복을 끌고 옵니다. 히브리 노예의 아들이 왕자의 신분이 되어 애굽 최고의 스승들에게 배우다니 얼마나 놀랍습니까? 이것이 시련이 가져다 준 복입니다.

장애물이 어려울수록 큰 복이 기다리고 있다

모세는 숱한 시련의 용광로를 거친 뒤에야 비로소 지도자로 거듭났습니다. 마흔 살, 동족을 돕기 위해 저지른 살인과 뒤이은 미디안 광야로의 도망은 그에게 뼈아픈 좌절이었을 것입니

273

다. 이 시련도 모세는 기다림을 통해 극복합니다.

마침내 80세가 된 그에게 주어진 사명은 당시 세계 최강국인 애굽에서 이스라엘 백성을 이끌어 내는 일이었습니다. 이 일을 위해 하나님이 열 가지의 재앙을 애굽에 내립니다. 놀란 바로는 이스라엘 백성을 보내겠다고 하지만 열 번이나 번복합니다. 어떤 장애물은 쉽게 돌파할 수 있지만 어떤 장애물은 돌파하기 어렵습니다. 그런데 놀라운 사실은 장애물이 크고 어려울수록 더 큰 복이 기다리고 있다는 것입니다.

마지막 열 번째 재앙인 장자 죽음을 통해 이 장애물은 극복됩니다. 재앙이 일어나기 바로 전에 하나님은 한 가정당 한 마리의 어린 양을 잡고 그 피를 바르게 하셨습니다.

출 12:5-7 5 너희 어린 양은 흠 없고 일 년 된 수컷으로 하되 양이나 염소 중에서 취하고 6 이 달 열 나흗날까지 간직하였다가 해 질 때에 이스라엘 회중이 그 양을 잡고 7 그 피를 양을 먹을 집 좌우 문설주와 인방에 바르고

당시 이스라엘 민족은 장정만 60만 명이었습니다. 여자와 어린아이까지 합하면 300만 명 정도 되었습니다. 그런데 가정당 한 마리의 어린 양을 잡았습니다. 엄청나게 많은 어린 양이 희생을 당했습니다. 어린 양의 피는 장차 오실 예수님의 보혈의 모형입니다. 그 능력으로 출애굽의 문이 열린 것입니다. 애

굽의 종살이에서 해방되고 하나님의 백성이 되는 새로운 길이 열린 것입니다. 열 가지 재앙 때문에 출애굽의 문이 열린 것이 아니라 어린 양의 피가 흘렀기에 새로운 길이 열린 것입니다.

새로운 길을 만들기 위해서는 큰 능력이 필요합니다. 어린 양의 피는 애굽의 문을 열고 새로운 길을 만든 강력한 능력입니다. 그리고 어린 양의 피는 물질의 복을 끌어왔습니다.

출 12:35-36 35 이스라엘 자손이 모세의 말대로 하여 애굽 사람에게 은금 패물과 의복을 구하매 36 여호와께서 애굽 사람들에게 이스라엘 백성에게 은혜를 입히게 하사 그들이 구하는 대로 주게 하시므로 그들이 애굽 사람의 물품을 취하였더라

이스라엘 백성은 시련을 통과한 후에 엄청난 물질의 복을 받았습니다. 이스라엘 백성 전체가 복을 받았습니다.

기도는 하늘의 능력이 땅에서 이루어지게 한다

이스라엘 백성은 힘들고 어려운 시련을 겪은 후 순탄한 길이 펼쳐질 거라 예상했지만, 얼마 지나지 않아 또 다른 큰 시련을 만났습니다.

출 14:1-2　1 여호와께서 모세에게 말씀하여 이르시되 2 이스라엘 자손에게 명령하여 돌이켜 바다와 믹돌 사이의 비하히롯 앞 곧 바알스본 맞은편 바닷가에 장막을 치게 하라

모세가 임의로 바닷가에 장막을 친 것이 아닙니다. 분명히 하나님이 모세에게 바닷가에 장막을 치라고 말씀하셨습니다. 그곳에는 배 한 척도 없습니다. 게다가 바로의 군대가 추격해 오고 있습니다.

출 14:4　내가 바로의 마음을 완악하게 한즉 바로가 그들의 뒤를 따르리니 내가 그와 그의 온 군대로 말미암아 영광을 얻어 애굽 사람들이 나를 여호와인 줄 알게 하리라 하시매 무리가 그대로 행하니라

앞에는 홍해가 가로막고 있습니다. 뒤에는 바로의 군대가 이스라엘 백성을 추격해 옵니다. 그들은 심히 두려워했습니다. 도저히 피할 길이 없어 보입니다. 여기서 우리는 모세가 어떻게 이 큰 문제를 돌파했는지를 배워야 합니다.

큰 문제를 돌파하는 법이 있다

눈을 들어 하나님을 바라보았다

인생에서 만나는 문제의 해답은 언제나 하나님께 있습니다.

그래서 하나님을 바라보아야 합니다. 그런데 이스라엘 백성은 환경을 바라보았습니다.

> 출 14:10 바로가 가까이 올 때에 이스라엘 자손이 눈을 들어 본즉 애굽 사람들이 자기들 뒤에 이른지라 이스라엘 자손이 심히 두려워하여 여호와께 부르짖고

이스라엘 백성은 바로의 군대를 보고 두려움에 사로잡혔습니다. 그러나 모세는 눈을 들어 하나님을 바라보았습니다.

> 출 14:13 모세가 백성에게 이르되 너희는 두려워하지 말고 가만히 서서 여호와께서 오늘 너희를 위하여 행하시는 구원을 보라 너희가 오늘 본 애굽 사람을 영원히 다시 보지 아니하리라

모든 이스라엘 백성은 하나님이 애굽에 열 가지 재앙을 내리는 것을 보았습니다. 그런데 바로의 군대를 바라보는 순간 그렇게 전능하신 하나님을 망각해 버렸습니다. 그러나 모세는 하나님이 이스라엘 백성을 어떻게 인도하셨는지 알고 있습니다. "여호와께서 오늘 너희를 위하여 행하시는 구원을 보라"라고 말합니다. 이것이 모세의 능력입니다. 모세는 하나님을 바라보았습니다. 그래서 이렇게 말할 수 있었습니다.

하나님을 바라보는 믿음이 중요합니다. 사람을 바라보면 원망과 불평이 남습니다. 우리는 어려움을 만나면 하나님의 은혜를 망각하고 자꾸 원망하고 불평합니다. 더 나쁜 것은 자꾸 옛날로 돌아가자고 하는 것입니다. 이런 것은 하나님이 너무나 싫어하십니다.

하나님을 바라보아야 합니다. 가나안 땅이 기다리고 있습니다. 그런데 이스라엘 백성은 애굽의 군대를 바라보고 사람을 바라봅니다. 두려움에 사로잡히니 애굽 사람들의 종이 되는 것이 더 낫겠다고 스스로 말합니다. 사람을 두려워하면 올무에 빠집니다. 두려움을 정복하려면 믿음과 용기가 필요합니다. 두려움을 극복하려면 하나님의 말씀을 붙잡아야 합니다.

하나님이 귀하게 쓰시는 사람들은 두려움을 정복했습니다. 하나님을 신뢰했습니다. 신실하신 하나님을 바라보았습니다. 그 능력을 의지했습니다.

기도하며 기다렸다

조금만 어려워지면 대부분의 사람들은 두려워하고 염려합니다. 두려움과 염려는 생각을 마비시킵니다. 아무리 어려워도 마음을 가라앉히고 하나님을 바라보아야 합니다. 창조적인 아이디어나 문제의 해결책은 평온한 마음에서 옵니다. 허둥대거나 들떠 있으면 올바른 판단을 내릴 수 없습니다.

이미 기적을 맛보았고, 지금도 불기둥의 보호 아래 있다면 두려워할 이유가 없습니다. 하나님은 지금도 애굽의 추격로를 막아서며 이스라엘을 지키고 있기 때문입니다. 참된 믿음은 환경이 아니라 우리와 함께하시는 하나님께 시선을 고정하는 것입니다. 하나님이 우리와 함께하심을 믿는 것이 믿음입니다. 하나님이 우리 안에 거하심을 믿을 때 두려움과 염려 근심이 사라집니다.

하나님보다 앞서지 말고 인도하심을 받으라

하나님은 급하게 뭔가를 이루시지 않습니다. 하나님의 관심

279

은 우리가 역경이나 시련을 빨리 돌파하는 데 있지 않습니다. 하나님은 우리가 역경을 통해 더 성장하고 더 큰 복을 받기 원하십니다. 하나님은 우리를 한 걸음씩 인도하십니다. 사람들은 문제를 만나면 조급해지고 허둥댑니다. 하나님의 인도하심을 받으려면 조급해서는 안 됩니다. 잠잠하고 신뢰할 때 힘을 얻을 수 있습니다.

너무 바쁘게 살아가는 사람들은 큰일을 할 수 없습니다. 충실한 열매를 맺으려면 가지를 쳐내야 합니다. 기도할 시간도, 예배에 참석할 시간도 없다면 잘못된 것입니다. 하나님을 신뢰함으로 잠잠히 기다려야 합니다.

애굽을 떠난 이스라엘 백성 앞을 홍해가 가로막고 있습니다. 뒤에는 애굽의 군사들이 추격해 오고 있습니다. 한 문제가 가니 다른 문제가 왔습니다. 진퇴양난의 상황입니다. 그러나 주님은 너희를 위해 싸울 것이라고 말씀하십니다(출 14:14).

하나님이 다시 모세에게 말씀하십니다. 이스라엘 백성에게 명령해서 바닷가 쪽으로 나아가게 하라고 하십니다. 그리고 지팡이를 들고 손을 바다 위로 내밀라고 하십니다.

출 14:15-16 15 여호와께서 모세에게 이르시되 너는 어찌하여 내게 부르짖느냐 이스라엘 자손에게 명령하여 앞으로 나아가게 하고 16 지팡이를 들고 손을 바다 위로 내밀어 그것이 갈라지게 하라 이스라엘 자손이 바다 가운데서 마른 땅으로 행하리라 하나님이 명령하신 대로 순종하면 길이 열립니다. 이스라엘 백성이 모세의 지시를 따라 바닷가로 한 걸음 나아갔더니 하나님이 새벽에 문제를 해결해 주셨습니다.

출 14:24-26 24 새벽에 여호와께서 불과 구름 기둥 가운데서 애굽 군대를 보시고 애굽 군대를 어지럽게 하시며 25 그들의 병거 바퀴를 벗겨서 달리기가 어렵게 하시니 애굽 사람들이 이르되 이스라엘 앞에서 우리가 도망하자 여호와가 그들을 위하여 싸워 애굽 사람들을 치는도다 26 여호와께서 모세에게 이르시되 네 손을 바다 위로 내밀어 물이 애굽 사람들과 그들의 병거들과 마병들 위에 다시 흐르게 하라 하시니

홍해 가운데로 길이 열릴 줄 누가 알았겠습니까? 우리는 하나님이 하시는 일을 상상할 수 없습니다. 항상 하나님은 우리보다 더 좋은 대안을 가지고 계십니다. 우리의 눈에는 길이 안 보여도 하나님의 눈에는 보입니다.

모세는 이스라엘 백성이 볼 수 없었던 길을 보았고, 그 길로 그들을 인도했습니다. 그래서 이스라엘 백성이 복을 받았습니다. 그러나 하나님은 모세가 볼 수 없는 길도 준비하십니다. 시련의 때에 하나님의 이름을 부르며 기도하는 사람들에게는 새로운 길이 열리고 새로운 기회가 찾아옵니다.

Q 조급하면 하나님의 음성인지 내 생각인지 분별하기 어려운 것 같습니다. 하나님의 음성이라 생각해서 움직였다가 낭패를 본 일이 있습니다. 이를 어떻게 분별할 수 있나요?

A 마음이 조급할 때는 분별이 더 어려워집니다. 성경은 몇 가지 중요한 기준을 제시합니다.

1) 하나님의 음성은 반드시 말씀과 일치합니다(사 8:20).

2) 하나님의 음성에는 깊은 평안이 있습니다(골 3:15).

3) 하나님의 인도는 대개 확인이 반복됩니다. 하나님은 중요한 결정에서 한 번만 말씀하시고 끝내지 않으십니다.

4) 조급함은 하나님이 일하시는 방식이 아닙니다(사 30:15).